月収15万円からの株入門

数字オンチのわたしが5年で資産を10倍にした方法

藤川里絵

扶桑社

本書は、株式投資一般に関する情報提供を目的として作成したものであり、投資の勧誘を目的としたものではありません。また、本書で紹介した内容は著者の経験に基づく個人的見解であり、その有効性を保証するものではありません。本書で紹介した内容で万が一何らかの損害を負った場合でも本書発行元および著者はいかなる責任も負いません。なお、本書は2017年8月現在の情報をもとに作成しています。

序章

数字オンチのわたしが株を始めた理由

すべては家計破綻のピンチから始まった！

数字オンチでもできる株式投資の本を書きたい。これは数年前から願い続けてきたことです。「株は難しいもの」という先入観があるのか、文系の人や女子が気軽に株を始めるには、まだまだ高い壁があるように感じます。根っからの数字オンチであるわたしもかつては同じようなことを思っていました。

そんなわたしは、現在ファイナンシャルアカデミーというお金に関する教育を行っている機関で「株式投資スクール」の講師をしています。

そもそも、わたしが本格的に株を始めたのは、２０１０年。まだ株歴7年ちょっとの若輩者ですが、それでも株のない生活は考えられないほど、株式投資はわたしの人生の大部分を占めています。

株を始めた当時、わたしは結婚しており、元主人は小さなアパレル会社の経営者でした。１９９５年に結婚して以降、彼の仕事は順調でしたが、リーマンショック*が起きると会社は大きく傾き、給料がほとんど出なくなりました。このままでは倒産してしまうという状況で、なんとか持ち直すためには自宅マンションを売却して、そのお金を会社の資金に当てるしかありませんでした。新築で買った自慢のタワーマンションです。手放したくありません。売らずにすむ方法を模索しましたが、残念ながらほかの解決方法は見つかりませんでした。泣く泣くマンションを売却し、築40年以上の古いマンションに引っ越しました。

当時、わたし自身も仕事はしていましたが、給料は手取り20万円ほど。とても家族四人を支えていくことはできませんでした。さらに追い打ちをかけるように、勤めていた会社の経営不振で給料は15万円に減額されました。わずかに残ったマンションを売ったお金を取り崩しながら日々の生活をなんとかやりくりしましたが、このままではいつかお金は尽きてしまいます。

どうにか収入を増やせないものか？

子育てしながらできる仕事は限られています。文字をひたすら入力する内職的なことを

＊リーマンショック……２００８年９月、アメリカの大手投資銀行リーマン・ブラザーズの経営破たんによって起きた世界的な経済危機。世界中の株価が暴落した

してみましたが、それで得られる収入はスズメの涙程度。こんなんじゃダメだ！　特別なスキルを持っていないわたしが劇的に収入を増やすには、働くという選択肢では無理だと思いました。

その頃、勤めていた会社に加えて家計の足しに始めたのが、現在、講師を務めるファイナンシャルアカデミーでのアテンド業務でした。ファイナンシャルアカデミーでは、投資をはじめ金融に関する多くのセミナーを開催しています。そのセミナーの会場準備、受付などのお手伝いです。アテンドですので、セミナー中は会場内で拝聴することができます。たまたまアテンドに入った株式投資のセミナーで、これならわたしにもできるかも！と感じました。というのも参加している受講生の方々が（いい意味で）普通だったからです。株式投資はお金の使いみちに困っているリッチな年配の方がすると決めつけていましたが、普通のＯＬさんやパートの主婦の方、20～30代の若い会社員の方といった、収入が特別に多くない方でも、成果を出していたのです。

もともとしていた仕事だけでは、月に３万円すら増やすのも難題でしたが、株を覚えれば３万円くらいは安定的に得られるんじゃないかと希望を持てました。それが株を始めたきっかけです。**とにかく効率よくお金を稼ぎたいという切迫した気持ちがありました。**

それからファイナンシャルアカデミーで「株式投資スクール」の講義を熱心に受講し、自分でも少しずつ株の売買を始めました。マンションを売ったお金の中から100万円を証券会社の口座に入れ、恐る恐るの株デビューです。

やがてアテンドから講師に昇格し、株による利益も少しずつ取れるようになった2012年。それまで勤めていた会社を辞めて独立しました。誰かに自分の給料を決められる生活と縁を切り、自分で自分の収入をコントロールしようと決意したのです。株のよいところは、失敗も成功も自分の度量です。そこがわたしの性格にも合っているのでしょう。

恐る恐るのビビリ投資で、小さな負け、小さな勝ちを繰り返し、少しずつ投資額を増やしていきました。現在は、デビュー当初の10倍以上の投資額で売買しているので、1銘柄が10％程度上昇しただけでも10万円単位の利益を得られます。月単位で見ると、セミナー講師などで得られる労働収入よりも株の利益が上回ることも多々あります。

だからこそ「株式投資をしてなかったら？」と思うとゾッとするのです。

振り返ってみれば、家計破綻のピンチが実は大きなチャンスだったといえます。もし順調に家計が回っていたら、投資をしようと考えなかったのではないでしょうか？　そういう意味では、離婚した元主人にも感謝しなくてはいけませんね。

株ライフ「ビフォー・アフター」

株式投資をする前と後では、180度生活が変わりました。いや、生活だけでなく、わたしの中身までマルっと変わったかもしれません。

まず、**お金の使い方が変わりました**。

贅沢になったというわけではありません。生活費はすべて労働で得た収入でまかない、株の利益はそのまま再投資していますので、使えるお金はそれほど大きく増えていません。そういう意味では、生活レベルは変わっていないといえます。

ただ、株を始めてから消費者として選ぶものが変わりました。たとえば、わたしはコーヒーが好きなのでよくコーヒーショップに入ります。かつては目についたお店に適当に入っていましたが、今はなるべくドトールを選ぶようにしています。なぜなら、数あるコーヒーショップの中でも、原価率が高いのがドトールなのです。原価率が高いというのは、投資家目線で判断するとあまり効率のよいビジネスではないのですが、消費者目線で見るとよい原料を使っていることになります。投資家になったことで、消費者としてもちょっと賢くなれました。

次に、ほんの少しですが、**コミュニケーション能力がアップしました**。

もともと世間話のような目的のない会話が苦手で、初対面の人と話せない性格でしたが、今はどの年代の人ともある程度は話せるようになりました。というのも、雑学の引き出しがものすごく増えたからです。投資のヒントを見つけるためには、ニュース、新聞、週刊誌、雑誌、書籍、口コミ、SNSなど、常にアンテナを立てておく必要があります。今まではスルーしていた全然違う世界の話も、もしかしたら投資対象として有望かもしれないという投資家マインドが働くと、がぜん興味が沸いてきます。また、そのおかげで早耳にもなりました。

たとえば、2016年の春くらいからIoT、AI、VRといった言葉を投資の世界でたくさん見かけましたが、投資をまだしたことないという人にセミナーなどで聞いてみると、ほとんどの人がポカンとした顔をしていました（それぞれの用語は第4章にて説明します）。こういった人よりちょっと進んだ情報を持っていると、初対面の相手でもおもしろがってもらえます。もちろんビジネスパートナーとしても重宝されるはずですので、営業職の方などには株式投資はもってこいだと思います。

そして一番変わったのはマインドです。**すべてにおいてポジティブに物事をとらえられるようになりました。**

株式投資はリスクを取ることで、リターンを得ることができます。当然ですが、リスクを取らずにリターンを得ることはできません。これは人生においても当てはまることだと思うのです。特にこれからの日本は、今までのように国や会社が一生面倒を見てくれるわけにはいかないでしょう。それに対して不安を抱えているだけではなく、自分で何かを切り開いていくためにリスクを取れるかどうかというのは、大きく人生を左右すると思います。リスクを取ってリターンを得るという成功体験をもたらしてくれた株は、わたしのマインドに大きな変化をもたらしました。

このことは企業の経営にも当てはまります。投資をする上でたくさんの会社の事業活動を目にしますが、成功する会社というのは常にリスクを取りながら成長していきます。ときには大きな失敗をして、業績がガクンと落ち込むことがあっても、強い会社はそこからまた復活します。

一つ例をあげましょう。中村超硬というダイヤモンドワイヤを作っている会社がありま す。そもそもダイヤモンドワイヤって何？　という感じだと思いますが、これはピアノ線にダイヤモンドを固定した切断用の工具です。わたしも株をしていなければ、おそらく一生出会えなかった言葉だと思います。この会社は、2015年、2016年と業績をぐんぐん伸ばし、株価も大きく上昇しました。ところが、2017年3月期の会社予想はなんとまさかの赤字転落！　投資家からは一気にそっぽを向かれ、株価は大暴落しました。

大幅赤字の原因は、大口取引先から強引な要求を突きつけられ、それを蹴ったためです。売上の大きな割合を占める取引先を切るというのはとても勇気がいることだったでしょう。しかし、そこから新たな取引先の開拓や付加価値の高い商品の開発といった企業努力によって、2018年には黒字転換し、2019年はさらに飛躍すると予想されています。

株式投資をしていると、こんな熱血企業のエピソードにもたくさん出会うことができます。それがわたしのマインドによい影響をもたらしてくれているのは間違いありません。

内緒にしておきたい株デビューの大失敗

2010年から株を始めたと述べましたが、本当のデビューはもう少し前のことになります。

日本の株は、1989年にバブルの絶頂点で日経平均株価*の最高値3万8957円を記録した後、ずるずると下降しましたが、2003年に底を打ち回復し始めます。リーマンショックが起こる直前の2006年、2007年は、ちょっとしたバブルといわれるほど株価は上昇しました。

その頃、下の娘を妊娠中で産休に入っていたわたしは時間を持て余し、ファイナンシャルプランナーの資格の勉強をしていました。マンションを購入し、35年の長いローンを組んだことでなんとなく老後のお金に不安を抱いたことも、お金の勉強を始めた理由の一つです。その資格試験の科目に資産運用があり、そこで少し投資に興味を持ちました。そんな折、たまたま読んだ女性誌に株の特集ページがあり、「株でお金が10倍に増えることもあります。株を買うなら、普段自分が使っている会社の株を買えばよいのです」という記述が。それを読み、なんとなくやってみようかなという気分になりました。

デビュー株は、メインバンクで使っていた新生銀行。正直、今なら絶対に選ばない株です。金融株というのは非常に複雑で判断が難しいので、今は投資対象から外しています。しかし、当時のわたしはそんなこともちろん知りません。利用者として使い勝手がいい新生銀行は、有望なんじゃないかと単純に考えました。四季報も財務諸表もチャートすらも見ずに、勘だけで購入したのです。無知ほど怖いもの知らずとはまさにこのことです。

そんな軽い気持ちで2006年に新生銀行で株デビューを果たしました。たしか株価は805円。その後、880円くらいまで上がり大興奮です。ところがそこが天井で、そのあとびっくりするような速さで株価は下がっていきます。800円、700円、600円……。儲けることしか考えていなかったわたしに、利益が出ていないものを売って損失を確定するという選択肢はありませんでした。いつか上がるはず、いつか上がるはずと保有し続け、500円、400円、300円……。その頃になると、株価をチェックすること

＊日経平均株価……日本経済新聞社が独自の基準で選んだ日本を代表する225社の平均株価のこと。日本の景気動向を示す指標として使われている

すらしなくなりました。そのまま放置して、気づいたときには80円を割っていました。まさかの10分の1です。株なんてキライっ！　もう二度とやるもんかと心に誓い苦々しい思いで売りました。

冷静に考えてみれば、10倍に上がる可能性があるならば、当然10分の1になる可能性もあるわけです。しかし、そんなことは思いもよりませんでした。

ただ、この惨敗したデビュー戦は、今思えば逆によかったのかもしれません。もし、何も勉強していないのに初戦で大きく勝っていたら、自分の実力と勘違いしたと思います。「わたしって株のセンスがあるわ〜」なんて、調子に乗ってどんどんお金を投じていたかもしれません。そうなっていたら、その後のリーマンショックのダメージは、計り知れなかったことでしょう。

それから2010年まで、わたしの株口座は封印されることになります。大きく失敗したことで、株への恐怖心は根強く植えつけられました。そんなわたしが、今こうして株式投資について本を書くまでにハマってしまったことは本当に不思議な運命です。マイナスからの加点式で株への情熱が増していったのかもしれません。ただ言えるのは、**株は勘では負けるということ。ただし、きちんと知識を身につければ、誰でも利益が取れる**ということです。それはわたし自身が証明しましたので、これから株を始める人はどうぞ安心してください。

本書は、**数字が苦手な方にも株式投資の楽しさ・魅力を感じてもらうことを第一優先で書きました**。見るだけで鳥肌が立つような難しい数式などは一切出てきません。その代わり、手描き風のほっこりとした図で分かりやすく解説しましたのでそちらもお楽しみください。株なんて自分にはまったく関係のない世界と思っているみなさんに、楽しそう！わたしにもできそう！と感じてもらえたら本望です。

月収15万円からの株入門
数字オンチのわたしが5年で資産を10倍にした方法

目次

第3章　日々の生活にこそお宝株のヒントあり

第4章　会社四季報を愛読書にしよう！

第7章 負けないための鉄則は〝マイルール〟を決めること

第8章 とにもかくにも元手のお金を用意しよう

終章 株式投資を趣味にしよう

STAFF
ブックデザイン＊目黒一枝（トンプウ）
DTP・図版制作＊Office SASAI
制作協力＊新実 拓（ＫＷＣ）
編集＊鈴木友美（扶桑社）

第1章

数字オンチでも大丈夫な株式投資の始め方

〝ヒラメキ型天才〟より〝コツコツ型真面目〟が結果を出す！

書店に並ぶ株式投資の本のタイトルを眺めると、「2年でX億円」「100万円をX年で1億円に」「ゼロからX億円稼いだ投資法」など、短期間で大儲けする派手なものが目立ちます。株で1億円以上のお金を稼いだ人を〝億り人〟と呼びますが、そういった億り人の華やかな投資法を紹介する本が人気のようです。

タイトルだけを見れば、1億円以上利益を出すのは「誰にでも」「簡単に」できるような印象を受けますが、実際にその通り実行できるかというとなかなか難しいものです。

先日、著名な億トレーダーの「10倍株投資術」をうたったセミナーに参加してみました。90分のセミナーで繰り返し言われたことは「初動で買って、暴落前に利確しろ」ということです。初動というのは、株価が上がり始めるスタート地点。利確というのは利益を確定すること。暴騰したら必ず暴落が訪れるので、その前に売り抜けろというのです【図1】。

その方は「初動で100万ボンと突っ込んで数倍に上がったところで売る。それを何回

図1

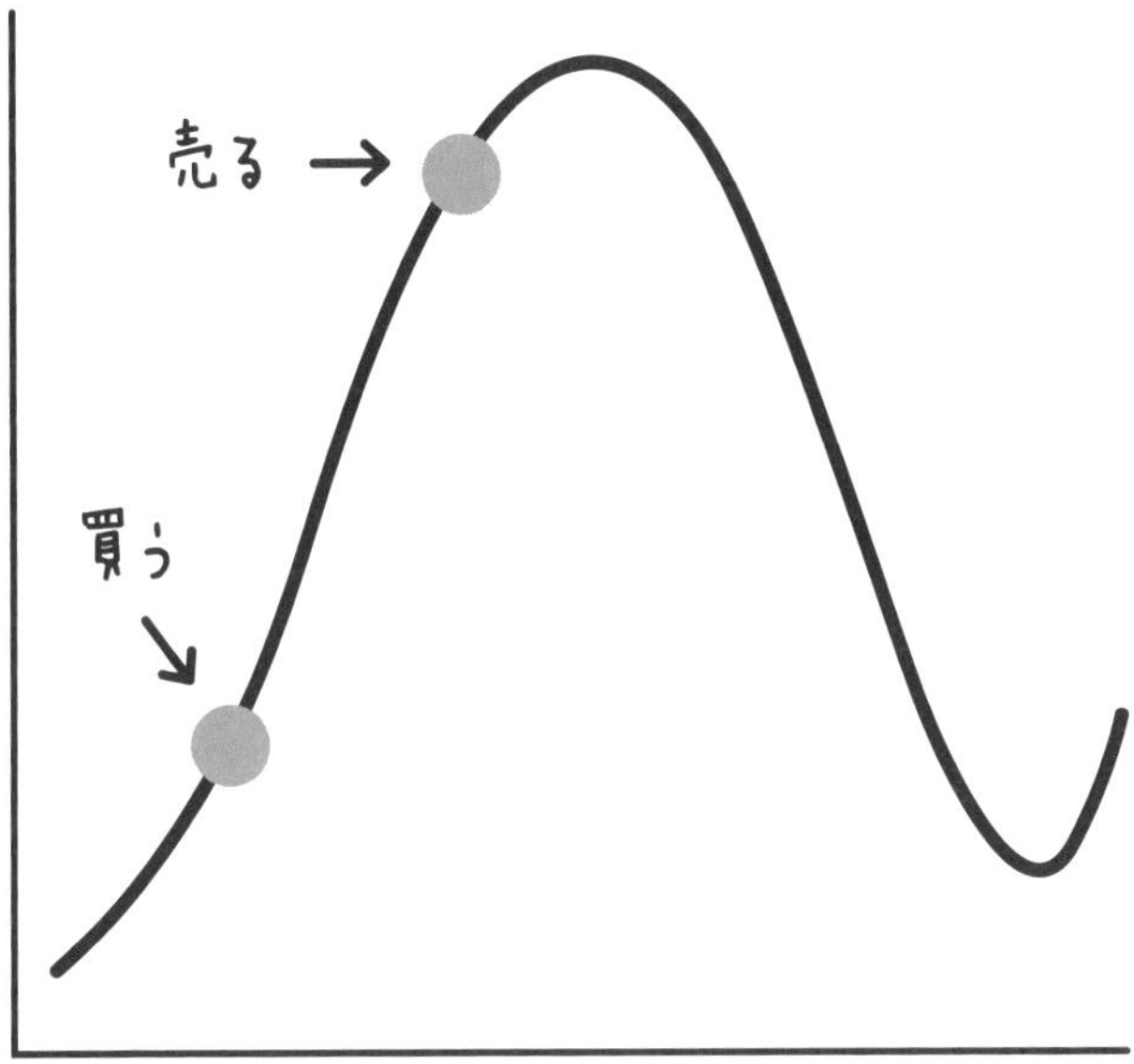

か繰り返せばすぐに1億円になる」と言います。

たしかにその通りですが、上場*している日本株約３５００銘柄の中から、10倍に上がる銘柄を瞬時に判断し、躊躇なくお金を投じるのはなかなかハードルが高いです。

「このトレード法は、学歴も性別も経験もまったく関係ありません。誰にでも利益を出すことができます」とおっしゃるご本人は、日本のトップ大学出身で、その後の経歴も華やか。頭のキレが人並み以上によいことは明確です。

このように派手なタイトルをうたった投資法は、概ね**〝その人だからできた〟〝その相場だから通用した〟**ということがほとんど。誰にでも再現できるかというと、おそらくたいていの人は失敗すると思います。

わたし自身が継続している投資法は、そんなに派手なものではありません。リーマンショックの後遺症が残る２０１０年から本格的に日本株の売買を始め、その後アベノミクス*が到来。２０１５年には、ギリシャと中国それぞれの国における財政不安が世界経済に波及したギリシャショック、チャイナショックがあり、２０１６年には、イギリスがＥＵを離脱すると決定し、日経平均株価が１日で１３００円近くも暴落する経験もしました。この７年間、とにかく株価は大きく変動していたのです。

その間、わたしの投資法は一貫して同じです。

やるべきこと、見るべきこと、買う銘柄の基準、売るべきポイント、すべて変わらず淡々と続けています。もちろん、相場の良し悪しで成果にはムラがあります。アベノミクスで湧いた２０１３年は、１年で資産が5倍以上に増えました。逆に、２０１５年はほとんど増えていません。大事なことは、１年単位の短期目線ではなく、**10年、20年経過したときにきちんと成果が出せているか、長期目線で考えること**。たとえば20年経って、資産がざっくり10倍に増えていたら、十分成功したといってよいのではないでしょうか。

そのために一番大切なのは、**投資の世界から退場しない**ことです。短期間で派手に利益を出す投資法は、それだけ大きなリスクを取っていることにもなります。予想もしないような暴落がきたとき、取り返しのつかないダメージを受け、投資の世界から退場させられたら終わりです。実際、インターネット企業の株価が急騰したＩＴバブルで儲かった個人投資家が、ライブドアの粉飾疑惑事件を発端に起きた株価大暴落（ライブドアショック）

＊上場する……投資家が金融商品の取引をする証券取引所を通じて誰もがオープンに株の売買をできるようにすること
＊アベノミクス……２０１２年末より始まった第２次安倍内閣において、首相が表明した経済政策。輸出を得意とする企業の利益が増加し、株価は３年で約60％上昇した

の後、まったく姿を見せなくなったという話もあります。

わたしを含め普通の人が投資で成果を出すためには、**コツコツと真面目に取り組むこと**。それに尽きると思います。そういう意味では、天才的なヒラメキを持つ方より、コツコツ派の真面目さんの方が成果を出しやすいといえます。努力しても報われないことが多い世の中で、投資ほど**努力に比例して成果が出る**ものはありません。しかもその成果は、**自分の資産となって返ってくる**のです。ノートを几帳面に取ることができるとか、歴史を覚えるのが得意とか、本を年間で何百冊も読むとか、そういう地道な行為が得意な方こそが、その特技を存分に生かせる世界なのです。

「女子」や「文系」こそ株を始めるべし！

わたしは、ファイナンシャルアカデミーというお金に関する教育を行っている機関で「株式投資スクール」の講師をしていますが、「株は男性がやるもの」という先入観がある人が多く、女性が気軽に株式投資を始めるには、まだまだ高い壁があるように感じます。特に数字が苦手な文系女子は、頭から無理と思い込んでいる人が多い印象です。

ところが、**「女子」「文系」この二つの属性と「株」の相性はバツグンです。**一般的には、むしろ逆と思われがちですが、わたし自身が株式投資にハマればハマるほど、また、講師としてたくさんの女子に教えれば教えるほど、ますます「女子」や「文系」と「株」の親和性の高さを確信するようになりました。

なぜ株式投資が「女子」に向いているのでしょう？

株式投資で一番重要なのは**好奇心**です。たとえば、「テレビで紹介された人気のカフェでお茶したい！」「できたばかりの新しいレジャースポットに行ってみたい！」「雑誌でモデルさんが着ていた洋服が欲しい！」といった「〇〇したい！」という好奇心がきっかけで、上がる株を発見することは多々あります。

2012年「世界一の朝食」と評されるパンケーキのお店「bills」が、東急プラザ表参道原宿にオープンしたとき、2時間待ち、3時間待ちの行列ができました。並んでいるのは、95％が女子。そのbillsを運営しているサニーサイドアップの株価は、2012年の500円台から、1年間で約4倍の2000円近くまで上がりました。

女子がむらがるところに、チャンスがあるのです。そのことに女子自身が気がつけば、圧倒的に有利なのは間違いありません。

もう一つ、株を学ぶ上で有利な女子の長所は**「素直」**であること。教わったことを素直に受け入れてくれる人が多いような気がします。

「株式投資スクール」を受講する女子の多くはゼロからスタートする初心者で、こちらが伝えることをスポンジのようにグングン吸収していきます。ある程度知識を持っている（でも成果は出せていない）人は、自分の知識にこだわりすぎて、そうでないものを受け入れられない傾向にあります。同じことを教わっても、素直な人が100吸収するのに対し、そうでない人は50、もしくは30くらいしか吸収できないという印象を受けます。当然、素直な人ほど、早く成果を出します。

では、「文系」に向いてる理由はなんでしょうか？

株で利益を出すために必要なのは、理系脳より文系脳です。なぜなら、株式投資で数字を扱うのは実はほんの少し。それも小学校を卒業するくらいの算数レベルが理解できれば十分です。高校生の娘の数学を見てもチンプンカンプンなわたしでも、まったく問題ありません。

それよりも大事なのは、**いろいろな文章を読む力**があるかどうか。投資の情報は新聞やネット、ニュースなどさまざまなところから得られますが、その多くは文字情報です。特に個人投資家は、バイブルとも呼ばれる『会社四季報』を愛読します。文字を読むことに慣れている方が有利であることは間違いありません。

子どもの頃から、本を読まないと眠れない文系脳のわたしはたくさんの文字を読むことに抵抗がありませんでした。一見とっつきにくく見える四季報も、読み慣れてくると記者の思い入れが見えたりして、なかなか味わい深いものがあります。小説を読むのが好きな人は、きっと楽しめるはずです。四季報の読み方については第４章以降で取り上げます。

数字オンチでも勝てる"シンプル"投資の極意

株式投資にはいろいろな手法があり、何がよくて何が悪いというものではありません。利益を得られればどんな手法でもよいと思います。ただ、まったく経験がなく、金融系の仕事でもなく、ましてや数字が苦手な人（まさにわたし！）が成果を出せる手法となると、**基本に忠実でシンプル**なものに絞られます。裏を返せば、シンプルだからこそ、多くの人が真似できる再現性があるといえます。

シンプル投資のポイントは三つあります。

1. 分かりやすい
2. 儲かっている
3. 小さい

この三つが揃っている株を選ぶことです。

1. 分かりやすい

株の世界では、その時々でスポットが当たったテーマによって、3倍、5倍、10倍と爆上げする銘柄が出てきます。最近の傾向としては、スマホゲームやバイオ関連、人工知能、フィンテック*など。また、国策が発表されると関連がありそうな銘柄が注目されます。こういったテーマ株をタイミングよくとらえられれば、短期間で10倍、場合によってはそれ以上の利益を取ることも夢ではありません。そういう手法が得意な投資家さんもいます。

実はわたしも目先の欲に目がくらんでトライしたことがあります。そのときのわたしは事業内容が分からなくても、旬のテーマでストップ高*になった銘柄を翌日朝イチで買っていました。なかにはそのまま順調に上がっていくものもありますが、たいていそのあと下がります。そこですぐ手放せばよいのですが、それがなかなか難しくズルズルと損失を膨らませてしまう場合がほとんど。よく分からない株で損失がどんどん膨らんでいくことほど歯がゆいことはありません。

逆に、順調に上がったものは、どこで売って利確すればよいのか判断がつかず、いつの

***フィンテック**……ファイナンスとテクノロジーを合わせた造語で、ＩＴや人工技能を活用した金融サービスのこと
***ストップ高**……1日に上下する株の変動幅は制限されており、その制限の上限いっぱいまで上昇したときのこと

間にか下がってきてしまうことがあります。これはこれで、相当に腹立たしいものです。

こうなる原因は、事業内容を理解していないから。下がる理由も、上がる理由も分からないので、**ただ感情に流されるままの投資**になってしまいます。これではいつまで経っても勝てません。

そんな失敗から、自分が買う銘柄は中身がよく分かるものに限定しています。飲食、アパレル、美容、教育など。それでも十分に利益を取ることはできます。**事業内容が自分にとって分かりやすいかどうかが一番重要です。**

さらにおもしろいのは、株式投資をしていると好奇心が刺激され、徐々に興味の対象が広がっていきます。新しい知識を得ようと勉強するようになるのです。

わたしも今では、機械、医療、化学などの銘柄を選ぶことが。100%文系脳のわたしが!? と自分でもびっくりしますが、いろいろな企業の情報を読むようになると、分かることが増えていきます。それだけ投資チャンスも増えるというわけです。

2. 儲かっている

毎年、順調に売上と利益が伸びている会社を選びます。

図2

単位（百万円）

業 績	売上高	営業利益
15.3	22,077	2,390
16.3	22,383	2,524
17.3	23,636	3,039
18.3	26,800	4,100
19.3	28,000	4,300

予想（18.3、19.3）

2019年3月期決算のこと

会社四季報なら業績欄の数字が下にいくほど大きくなっていればOK！

さすがにこれは数字を見ますが、難しい計算をするわけではないので、数字オンチさんも安心してください。会社のホームページ、もしくは会社四季報などで業績をチェックします。過去3年くらいと、進行中の年度、来期の予想を見て、毎年売上と営業利益の欄にある数字が増えているかどうか。増えていればそれでOKです【図2】。

赤字からのV字回復や利益が減少していても、その理由が将来の増益につながると予想して投資をする上級者もいます。誰にでも分かる優良銘柄より、落ちこぼれに見えて、実はものすごい実力を秘めている銘柄を見つけられた方が儲けは大きくなりますが、そのためには実力と経験が必要です。

まずは業績がよいと確実に分かるものを選びましょう。

3．小さい

CMで見るような大きな会社ではなく、**聞いたことのないような小さな会社**を選びます。いわゆる**小型株**と呼ばれる銘柄で、具体的には時価総額が500億円以下くらいのものを指します。

時価総額というのは、会社の規模を表す言葉で「企業が発行している株の数 × 株価」で計算されます。といっても、わざわざ計算する必要はなく、会社四季報やヤフーファイナンスなどの株情報ページで調べられます。

小さい会社がよい理由は三つあります。

一つめは**事業内容が分かりやすい**こと。

二つめは、**成長の伸びしろが大きく、株価に反映されやすい**こと。小さい会社でヒット商品が生まれると、売上や利益が数年で2～3倍と膨れ、それに伴って株価は5～10倍になることがよくあります。逆に大企業だと、一つのヒット商品ではそこまで全体の売上に影響がなく、株価の上昇余地も微々たるものです。

三つめは、**プロと戦わなくてよい**こと。大企業については、プロの機関投資家*たちが、あらゆる手段を使って綿密に分析しています。個人投資家が得られる情報とは、量も質も圧倒的な差があります。わたしたち個人投資家がその企業について新しい情報をゲットしたと思っても、それはすでに株価に織り込みずみ*の場合がほとんどです。

それに対して、小型株の情報源は限られています。注目している人が少ないため、割安なまま放置されていることが多く、業績の上方修正*などのポジティブなニュースが出ると、スルスルと素直に株価が上昇します。

＊機関投資家……金融機関などから大規模なお金を預かり、長期間にわたって運用・管理をする法人の投資家
＊織り込みずみ……株価にその情報がすでに反映されていること
＊上方修正……従来の予測や計画よりも、高く見直すこと

文系脳のわたしが初勝利した シンプル投資株

2010年にシンプル投資をスタートし、初めて投資額の3倍以上の利益が取れたのは2012年に買った株です。その興奮は今でも鮮明に覚えています。労働収入では得られない大きな収入を、株で得ることができるとリアルに確信しました。

記念すべきわたしの初大勝利株は、ジンズ。「JINS」という字面を見れば分かる人も多いでしょう。PCメガネが大ヒットしたメガネ屋さんです。〝高い〟〝時間がかかる〟〝野暮ったい〟というメガネのイメージを、〝安い〟〝すぐできる〟〝オシャレ〟というイメージに大きく変え、メガネ界のユニクロとも呼ばれています。

PCなどのモニターの見すぎによるドライアイ問題をメガネで解決するという斬新なアイデアで、視力の弱い人だけでなく、それ以外の人のニーズを満たし、メガネ愛好者を掘り起こすことに成功しました。

今では店舗数も400店舗を超え、たいていの人が知るメジャーな会社ですが、201

２年当初は〝分かりやすい〟〝儲かっている〟〝小さい〟のシンプル投資がぴったりハマる銘柄でした。

１．分かりやすい

メガネ販売が事業のほとんどを占める単独事業でとても分かりやすい会社です。５００0円以下の均一料金でメガネを販売するという画期的なビジネスモデルで、カジュアルに買えるのが魅力。当時、わたしが訪れた原宿店は、20代のオシャレな男女で溢れ返っていました。店員さんも明るく元気で親しみやすい雰囲気。

ＰＣメガネ（たしか２９８０円）を買って、それ以降、仕事でパソコンを使うときは着用するようになりました。周囲でも、ＰＣメガネを愛用する人がチラホラ目立つようになり、流行りつつあると実感したのも株を買う決め手になりました。

２．儲かっている

２００９年８月期から２０１２年８月期の売上と営業利益の数字は、すばらしいほどに伸びています【図３】。この数字を見れば、儲かってるというのが確認できます。特に営業利益が勢いよく伸びてますので、効率のよいビジネスに成長しているんだろうなと推測が可能です。

少し数字の話をすると、一般的に、**売上に対して営業利益が10％を超えている場合、かなり儲けやすいビジネスといえます。**もちろん業種によって違いはありますが、小売業で10％を超えるのは相当な優等生です。ジンズは２０１２年の8月期に10％を超えていますので、事業の拡大とともに効率よく稼げる体制が整ってきていると判断できます。ちなみに同業種のメガネスーパーは、約４％程度です。

3．小さい
２０１７年8月現在のジンズの時価総額は１５００億円ほど。小さいとはいえない規模になっていますが、２０１２年頃はまだ１００億円を少し超えたくらいの小型株でした。店舗数も１００店舗をやや超えた程度で、これから成長する拡大余地が存分にありました。

実際に２０１１年の秋から販売されたＰＣメガネのヒットにより、売上、営業利益は一段と加速して伸び、株価は2年弱でなんと約10倍も上がりました。


わたしがジンズの株を買ったのは２０１２年の3月、株価は約１２００円で、売ったの

図3

単位（百万円）

業 績	売上高	営業利益
9.8	7,433	144
10.8	10,603	620
11.8	14,574	1,083
12.8	22,613	2,633

図4

たらればの株価チャート

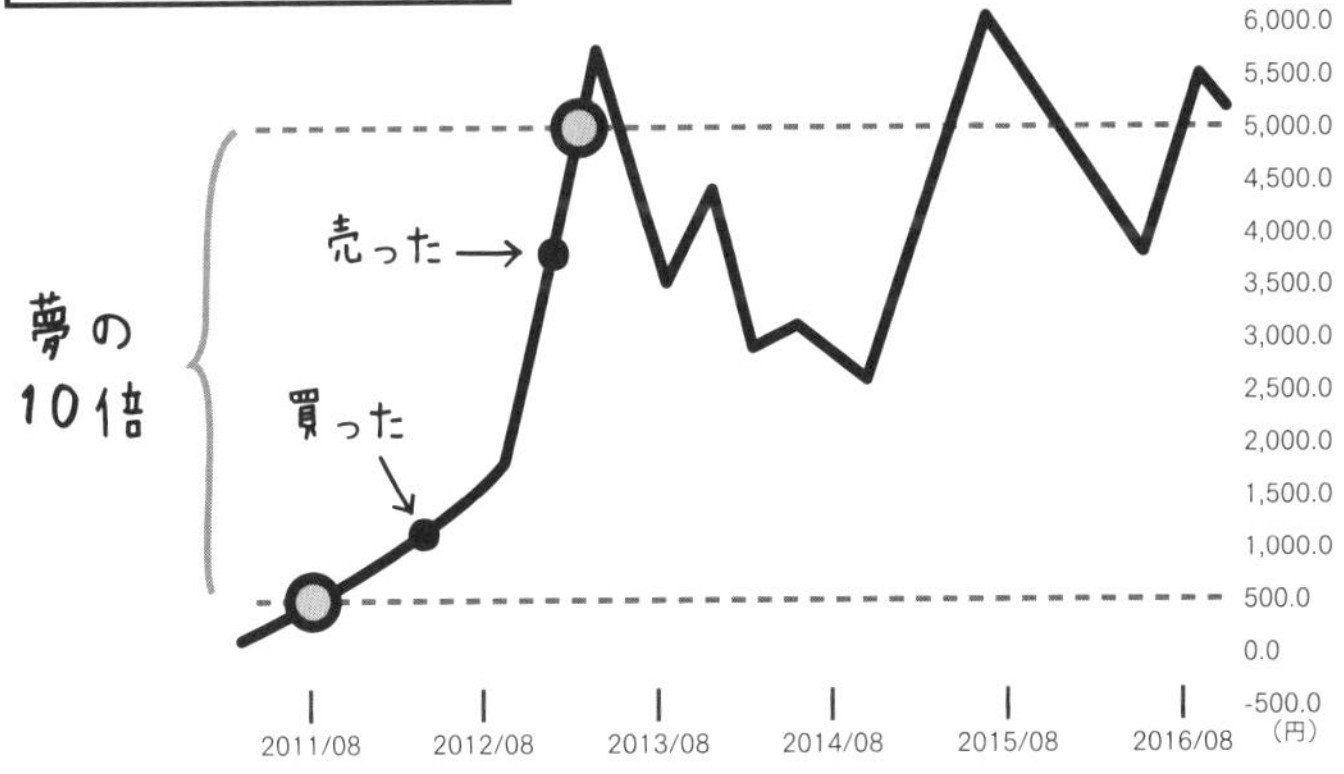

は2013年の2月、株価は約4200円。3・5倍の上昇を捕らえたことになります。もう少し早く買って、もう少し遅く売っていれば夢の10倍株になったのですが、たらればの話をしても仕方ありません【図4】。1年でお金が3・5倍に増えたのだから上出来です。

このように、大きく成長する株であれば、実際に自分の肌感覚で売れているな、流行っているな、と感じてから株を買っても十分利益は取れます。こんな感じの株を1年に一回でもキャッチできれば、10年、20年株式投資を続けるうちに、自然と資産が10倍に増えてもまったく不思議ではありません。コンピューターのようにパパっと数字を分析できる理系脳じゃなくても、十分に株式投資の醍醐味を味わえるということがお分かりでしょう。

第2章

株式投資の誤解“あるある”

誤解1：お金持ちじゃないとできない？

「株っていくらくらいあれば買えますか？」と、よく質問されます。

ひと昔前は、一つの銘柄を買うのに100万円以上必要な場合が多く、たしかにある程度の余裕がないと株式投資は難しいと思われていました。しかし、最近は様子が変わり、**低予算でも十分投資できる**ようになっています。それこそ月収15万円でも大丈夫です。

上場している日本株の株価は、ざっくり1株100円から1万円までの間に収まっているものがほとんど。1株だけなら1万円あればだいたいの銘柄は買えますが、残念ながら**通常は1株単位では買えません。**何株から買えるかというのが銘柄ごとに決められているのです。その数を**〝単位株数〟**といいます。単位株数は**100株か1000株の二種類**しかありません。

たとえば、株価が1000円の株で単位株数が100株であれば、

1000円×100株＝100000円

10万円から買えるということになります。

株価が同じ１０００円の株でも、単位株数が１０００株であれば、

１０００円×１０００株＝１０００００円

買うためには最低でも１００万円が必要になります。

１００万円！　と聞くと、やっぱりお金持ちじゃないとムリじゃーん！　と言いたくなるところですが、単位株数が１０００株の企業は上場している３５００社のうち約２５０社。全体の約７％程度です（２０１７年８月現在）。そして、その割合は今後もどんどん減っていく予定です。というのも、全国の証券取引所では２０１８年10月までに単位株数を１００株に統一することになっています。これは、最低購入価格を引き下げて、もっとたくさんの人に株を買ってもらいたいという取引所側の意向でしょう。

現在、１００万円以上ないと買えない株は３５００社中たった数十社、全体の１～２％程度しかありません。**大金がないと株が買えないというのは、まったくの誤解**なのです**【図５】**。

企業サイドも、株価が高くなりすぎると買ってもらいにくくなるので、株価がだいたい5000円を超えてくると、現在の1株を2株に分けるといったような**株式分割**をします【図6】。そうすることで、今まではある程度まとまったお金がないと買えなかった株が、半分のお金で買えるようになるのです。

たとえばディズニーランドを運営するオリエンタルランドの株価は、2015年3月時点で約37000円。単元株数は100株ですので最低でも370万円が必要でした。これだとなかなか手が出せません。そこで、2015年4月にそれまでの1株を4株に分割しました。株価は4分の1の9200円程度になり、最低購入価格は92万円に下がりました。それでももちろんお高いですが、買える人が増えたのは間違いありません。

最低購入価格が10万円以下は1100社以上、5万円以下の銘柄も400社以上あります（2017年8月時点）。たとえみなさんの予算が5万円でも、銘柄選びの選択肢は十分ありますので、ぜひそのお金を株に投じてみてください。

また、株は単元株数からしか買えないとさきほど述べましたが、実はもっと安く買える裏ワザもあります。

ワン株とかミニ株と呼ばれるもので、単元株数にかかわらず1株から買えるサービスを

図5

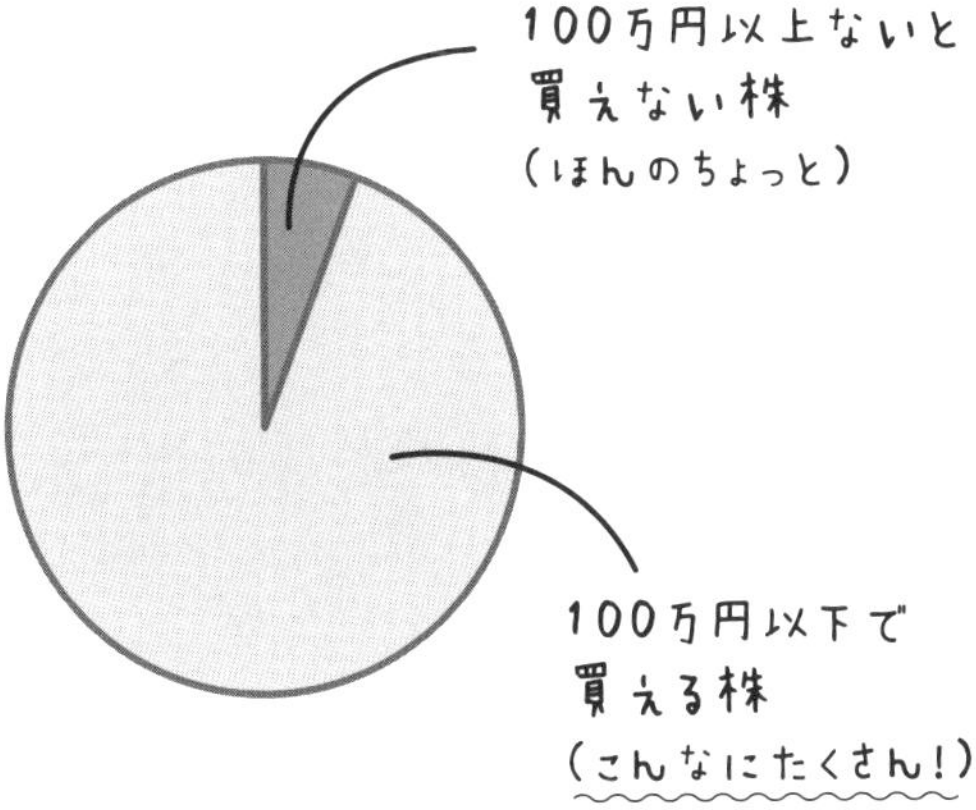

図6

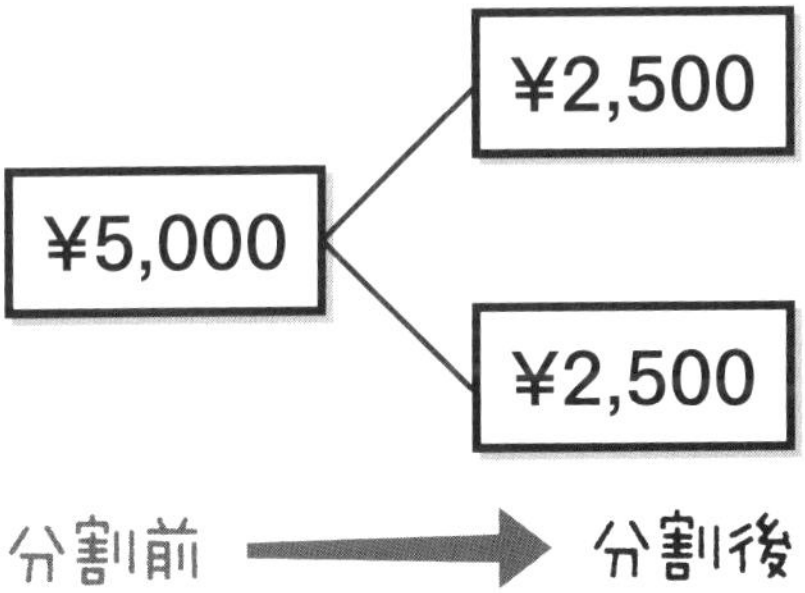

1株持っていた人は
株式分割後は
2株持っていることになります。

それぞれの証券会社が提供しています。通常の単元株数で買う場合と多少条件が違いますが、予算が少ない人にはとってもうれしいサービスです。さきほどのオリエンタルランドの株も、ワン株サービスで1株だけ買えば、9千円程度で買えることになります。

証券会社によってさまざまなサービスがありますので、詳しくは各社のホームページを見るか、窓口に問い合わせてみてください。

株式投資をするのに、収入の多い少ないは関係ありません。序章でも述べましたが、わたしが株を始めたときの月収は15万円でした。もちろん投資資金は多ければ多いほど利益を出しやすいのですが、最初から潤沢に持っている人は少数だと思います。

投資を始めるにあたってのお金のアレコレについては、第8章で詳しく紹介します。

誤解２：時間がないとできない？

株を始めたいけど、なかなか一歩を踏み出せない人の理由（言い訳？）に必ずといっていいほど出てくるのが「時間がない」です。忙しい毎日の中で、株に費やす時間が取れないんじゃないかと心配なようです。

株式投資をするのに必要な時間は、二種類あります。売買するための時間と銘柄を選ぶための時間です。売買するための時間は、何を買うか決めてさえしまえば、ネットで注文するだけなのでほんの一瞬ですみます。注文のタイミングは、ネット証券であれば24時間いつでも構いません。

たとえばA株を１０００円で１００株買いたい場合、その通りの注文を出しておけば、A株の株価が１０００円になったタイミングで注文が発動され、自動的に１００株買いつけてくれます【図７】。

逆に売りたいときは、B株が１０００円になったら１００株売りたいという注文を出しておけば、そのタイミングで売ってくれます【図8】。

このようにシステムにおまかせできる注文方法が**自動売買**です。この方法さえマスターしておけば、日中に株価とにらめっこしていなくても、自分の希望の株価で売買できます。一旦発注を出しておけば、ある程度の期間（だいたい1ヶ月程度）有効です。毎日リセットされるわけではありませんので、注文を一度出しておけばそのまましばらくは放置できます。

つまり、**毎日毎日、株価をチェックしなくてもよい**のです。

モニターの前に張りついて売ったり買ったりしなきゃいけないイメージを持っている人もいますが、それはデイトレーダーと呼ばれる、1日の間で何度も売買する人です。普通にお仕事されている人には不向きな投資方法ですのでおすすめしません。もう少しのんびりとした売買で十分に利益は取れます。売買にかかる時間はほとんど無視してもよいでしょう。

問題は銘柄を選ぶための時間です。これは人それぞれなのでなんとも言えませんが、わたし自身が銘柄選びにかけている時間は、平均すると1日30分くらいでしょうか。

図7

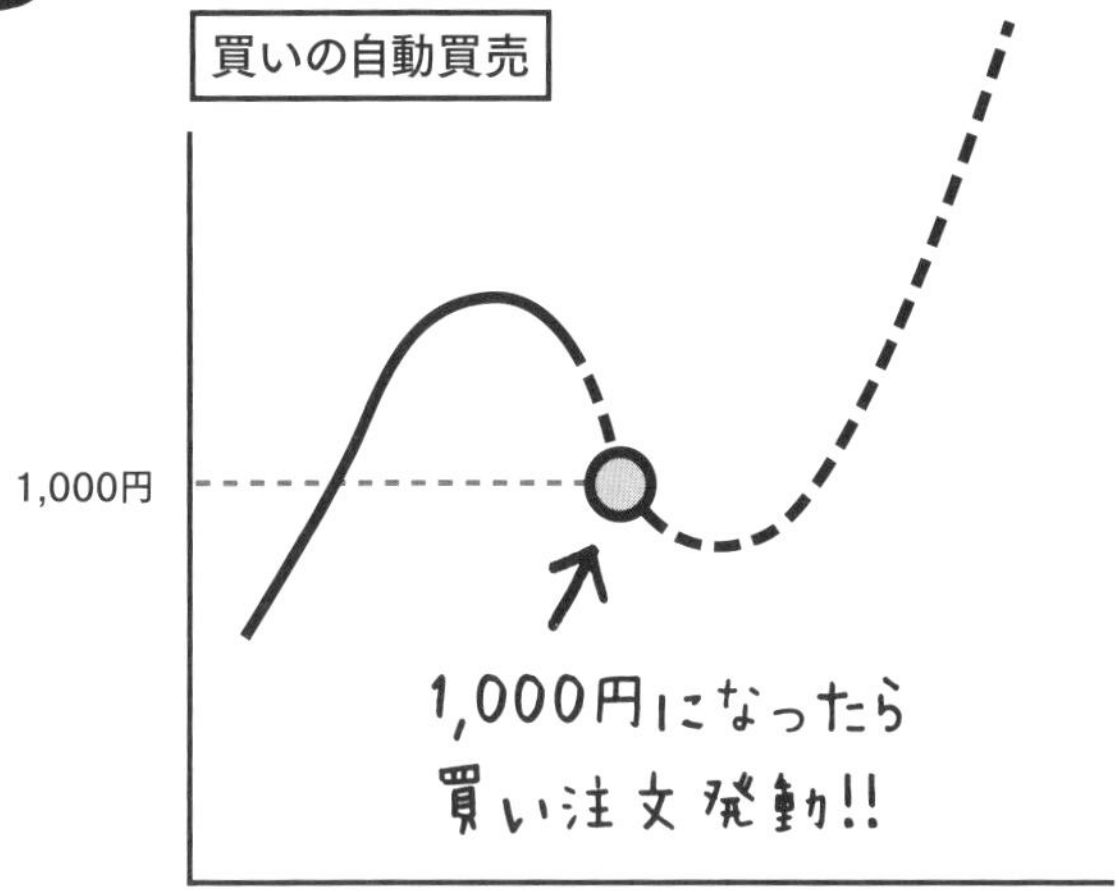
買いの自動買売
1,000円
1,000円になったら
買い注文発動!!

図8

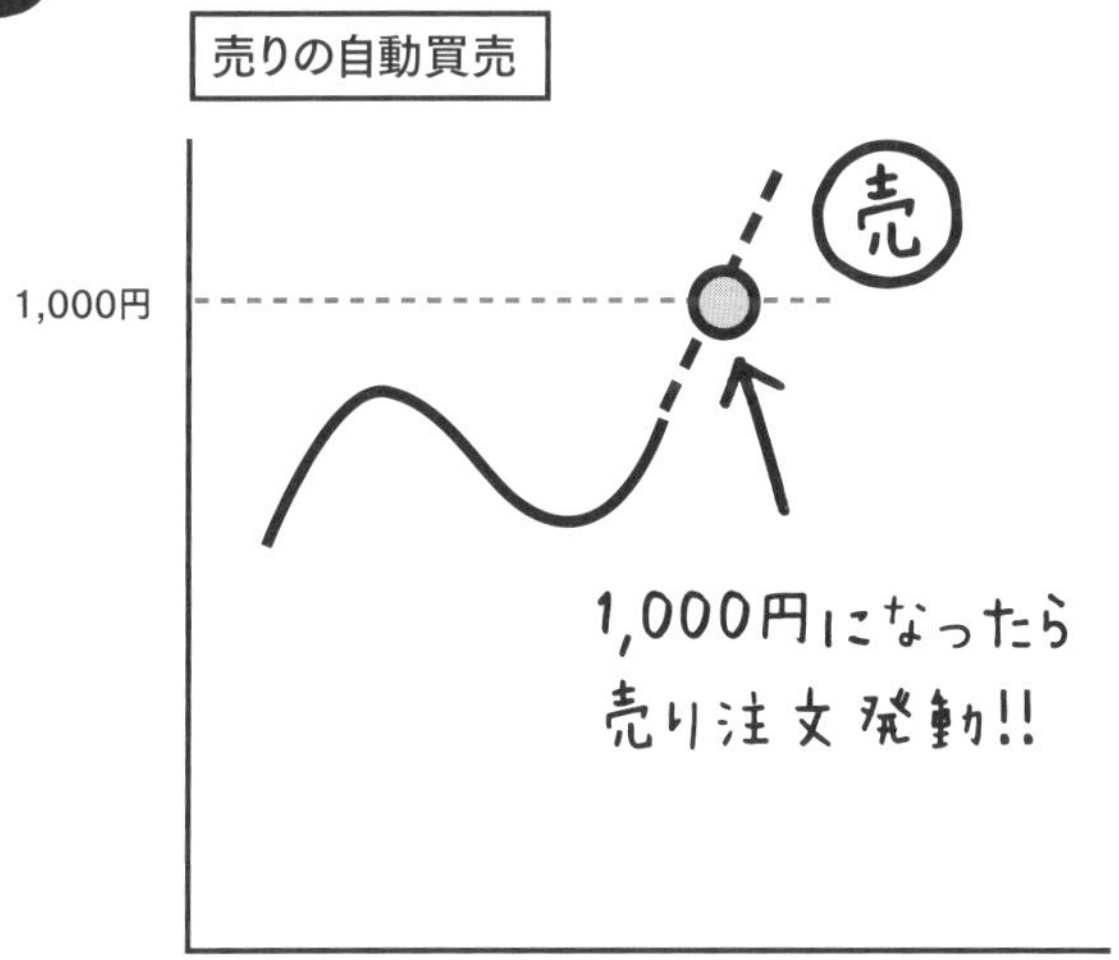
売りの自動買売
1,000円
売
1,000円になったら
売り注文発動!!

銘柄選びといっても、さあ今から選ぶぞ！　とかしこまってするものではなく、なんとなく証券会社のサイトをチェックしたり、四季報をパラパラとめくったり、新聞を読んだりといったざっくりしたもので、いわば銘柄を選ぶための情報収集です。改まってそのための時間を取らなくても、**スキマ時間で十分**なのです。

情報番組を見るとか、買い物ついでに売れているものをチェックするとか、人気のゲームを試してみるとか、それも銘柄選びのための時間です。仕事の時間、移動の時間、子育ての時間、遊びの時間、それらもすべてヒントを得るための時間と考えられます。

つまりどんなに忙しい人でも、その忙しさの中から何かしらの情報を得ることができるはずです。

投資のヒントを見つけるためにアンテナを立てて毎日を過ごしていれば、そのための時間を改めて取る必要はありません。「時間がない」を言い訳に、株式投資をしないなんてもったいないです。

誤解3：度胸がないとできない？

株式投資にはリスクがあります。それはお金が減ってしまうかもしれないリスクです。金融の世界では、リスクというのは**振れ幅**のことを差します。つまり、お金が減るかもしれないし、増えるかもしれない。その**不確実性が〝リスク〟**です。一般的に使われているネガティブな意味のリスクとは、若干意味合いが違います。逆に考えれば、**リスクがないとお金が増える可能性もない**のです。

株にはそのリスクがあるので、怖いともいえるし、魅力的ともいえます。

投資に慣れていない日本人は、お金が減ることを異様に怖がる傾向にあります。「ビビリなので、株なんてできない」と言う人に何人も出会いました。おかしなことに、そういうビビリな人が、何千万もする住宅を何十年もの長いローンで買ったりしているのです。

たしかに今は超低金利なので、その点だけを見ればよい時期かもしれませんが、不動産もリスク商品です。今後大きく値下がりする可能性もあります。万一、途中でローンが返済できなくなって……などと考えると、株よりも大胆なリスクを取っているんじゃないかと思います。

投資の世界に限らず「ハイリスク・ハイリターン、ローリスク・ローリターン」という言葉はよく使われます。株式投資はどうかというと、実はこのセオリーが当てはまりません。

株のリスクは限定されていますが、リターンは無限大です。信用取引[*]さえしなければ、最大のリスクは自分が投じた金額に限定されます。それ以上は絶対に損をしません。逆に、どこまで上がるか、それは天井がありません。何倍、何十倍、何百倍にだって上がる可能性を持っているのです【図9】。

そう考えると、それほどの度胸は必要ないと思いませんか？
どうしても怖ければ、最悪なくなっても支障がないレベルのお金を投じればいいんです。

＊信用取引……信用取引口座という特別な口座を開設して、証券会社からお金や株を借りて売買する方法。借金をして株の売買をするのと同じことなので、失敗したときのダメージが大きい

図9

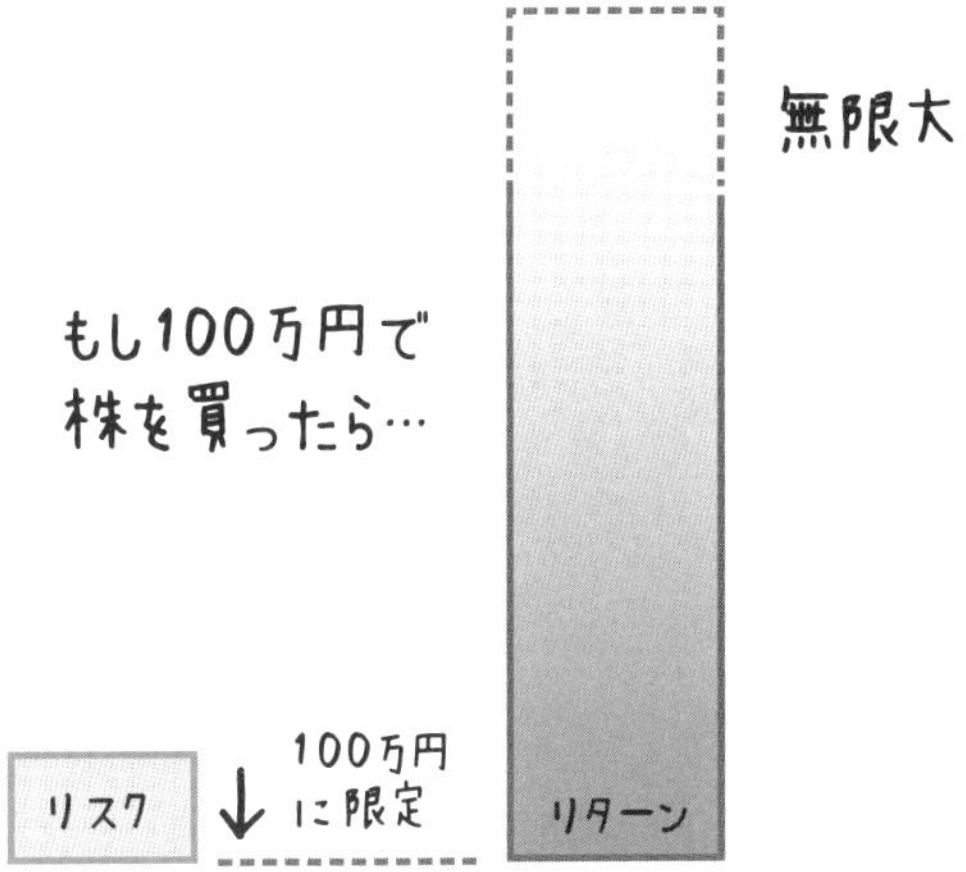
無限大
もし100万円で
株を買ったら…
リスク
100万円
に限定
リターン

図10

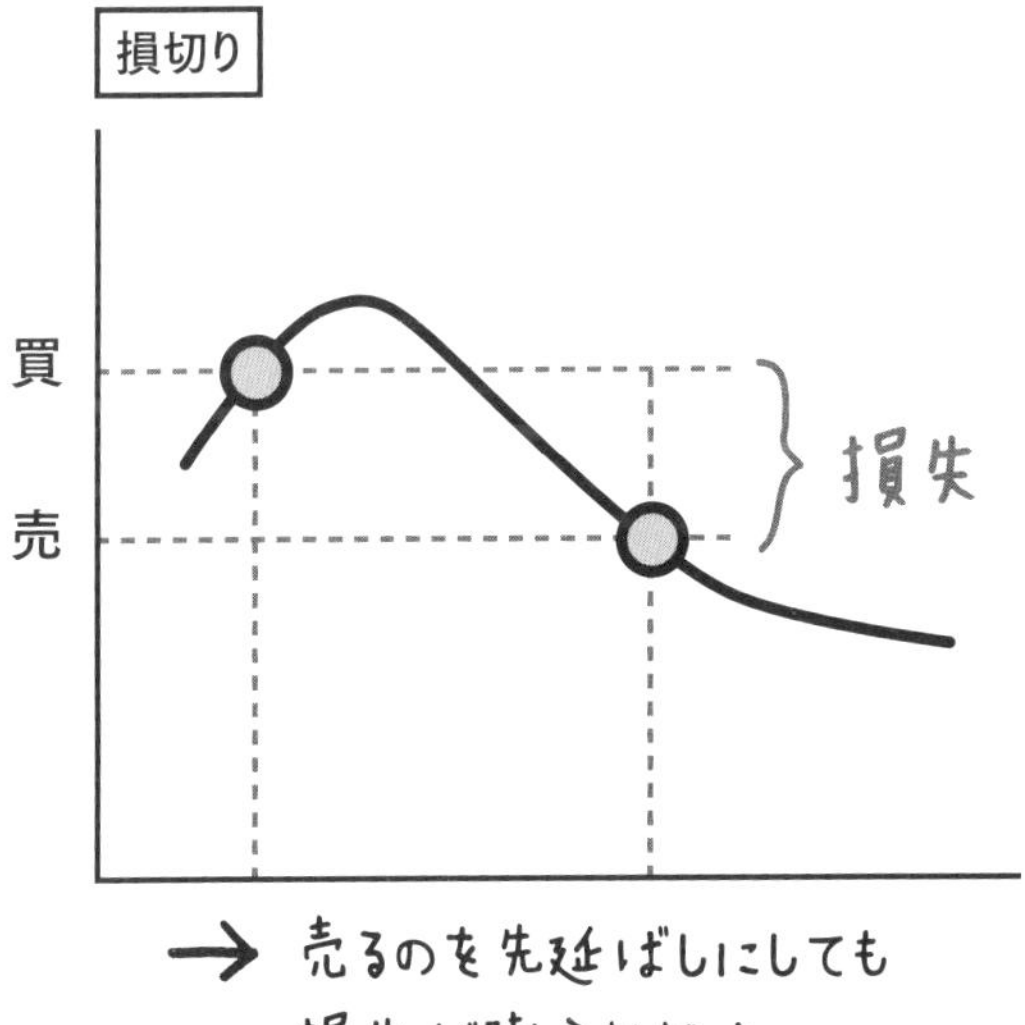
損切り
買
売
損失
→ 売るのを先延ばしにしても
損失が膨らむだけ

しかも、それは本当に最悪の場合で、投じた金額がゼロになるのはその会社が倒産するときです。とすれば、倒産するような株を買わなければいいし、もし買ったとしても、倒産する前に売れば投じたお金が全部なくなることはありません。

よっぽど異例な場合を除き、倒産しそうかどうかのサインは必ず現れます。ものすごく借金が多いとか、毎年毎年赤字とか、わざわざそんな株を選ばなければいいのです。買ったときはそんな兆候がなかったのに、買ったあと、どんどん株価が下がってきたとしたら、すぐ売ればいいのです。いわゆる損切りです【図10】。

損を確定するのはつらい行為です。これは何年やっていてもつらいことに変わりありません。ただ、経験上、損失の確定を後伸ばしにしてよかったことはほとんどありません。いつか上がってくれるという幻想は、早めに捨てるべきなのです。

行動ファイナンスという学問では、**人は得するより損するときの方が大きなインパクトを感じる**と実証されてるそうです。わたしたちがなかなか損切りできないのは、そういう心のクセがあるからなので、仕方ないことかもしれません。わたしは、自分でもそのクセがあることをよく分かっているので自動売買を使います。

どこまで下がったら売るか事前に決めておいて、そこで自動売買の指示を出しておきます。そうすれば、機械的に損切りができ、なおかつ損失のリスクも限定されます。

これは株価が暴落したときにも大変有効です。いつ暴落するかは誰にも分かりません。万一、お仕事でまったく相場がチェックできないときに暴落したとしても、指示した金額で売ってくれますので、想定内の損失ですみます。

株は、知識があれば下がる株を選ぶリスクは減らせます。なおかつ、自動売買などのテクニックがあれば損失も限定できます。その**リスク以上に、大きなリターンを得られるかもしれない魅力の方がずっとずっと大きい**のです。

誤解4：経済が苦手だとできない？

株に興味があり、学びたいと思いながらも、実際に「株式投資スクール」に通おうか迷う人はたくさんいます。迷う理由で案外多いのが、経済についてまったく分からないのでついていけるかな？という不安です。

経済という言葉を聞くとついつい身構えてしまうのですが、毎日生活していればそれだけで経済活動に参加していることになります。今日という1日を振り返ってみてください。コンビニでコーヒーを買ったり、電車に乗ったり、ランチを食べたり、スーパーで買い物をしたり、カラオケ屋に行ったり。それらすべてが経済活動です。

たとえばいつも飲んでるコーヒーが値上がりしたとします。なぜ値上がりしたか考えてみましょう。お店は儲けるためにコーヒーを売っています。お店の儲けは「売上－経費」で計算され、経費が増えれば儲けは減ってしまいます【図11】。

経費は、売上を立てるために使った人件費、材料費、広告宣伝費などの費用です。値段

図11

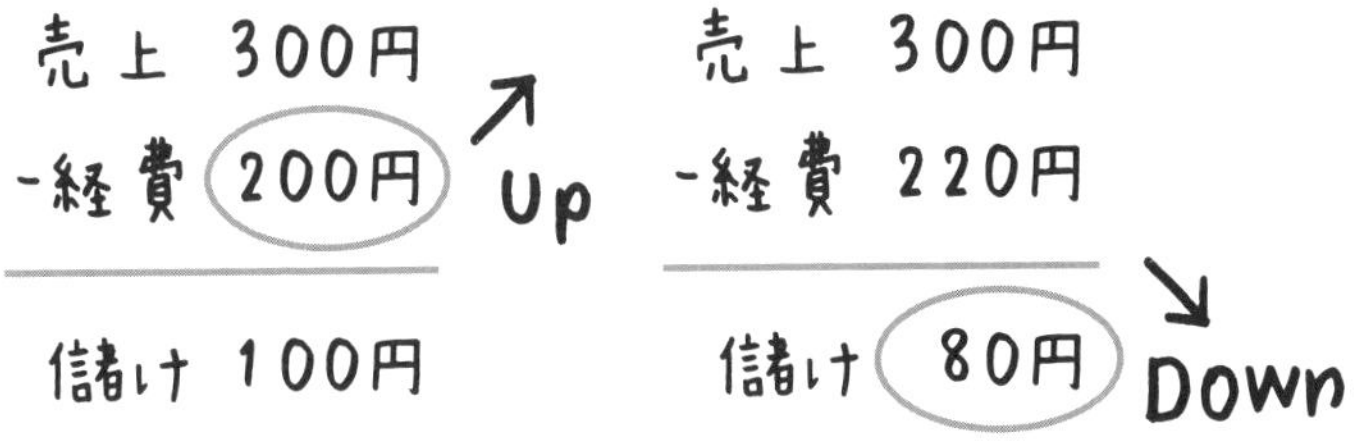
売上 300円
-経費 200円
儲け 100円
↗Up
売上 300円
-経費 220円
儲け 80円
↘Down

図12

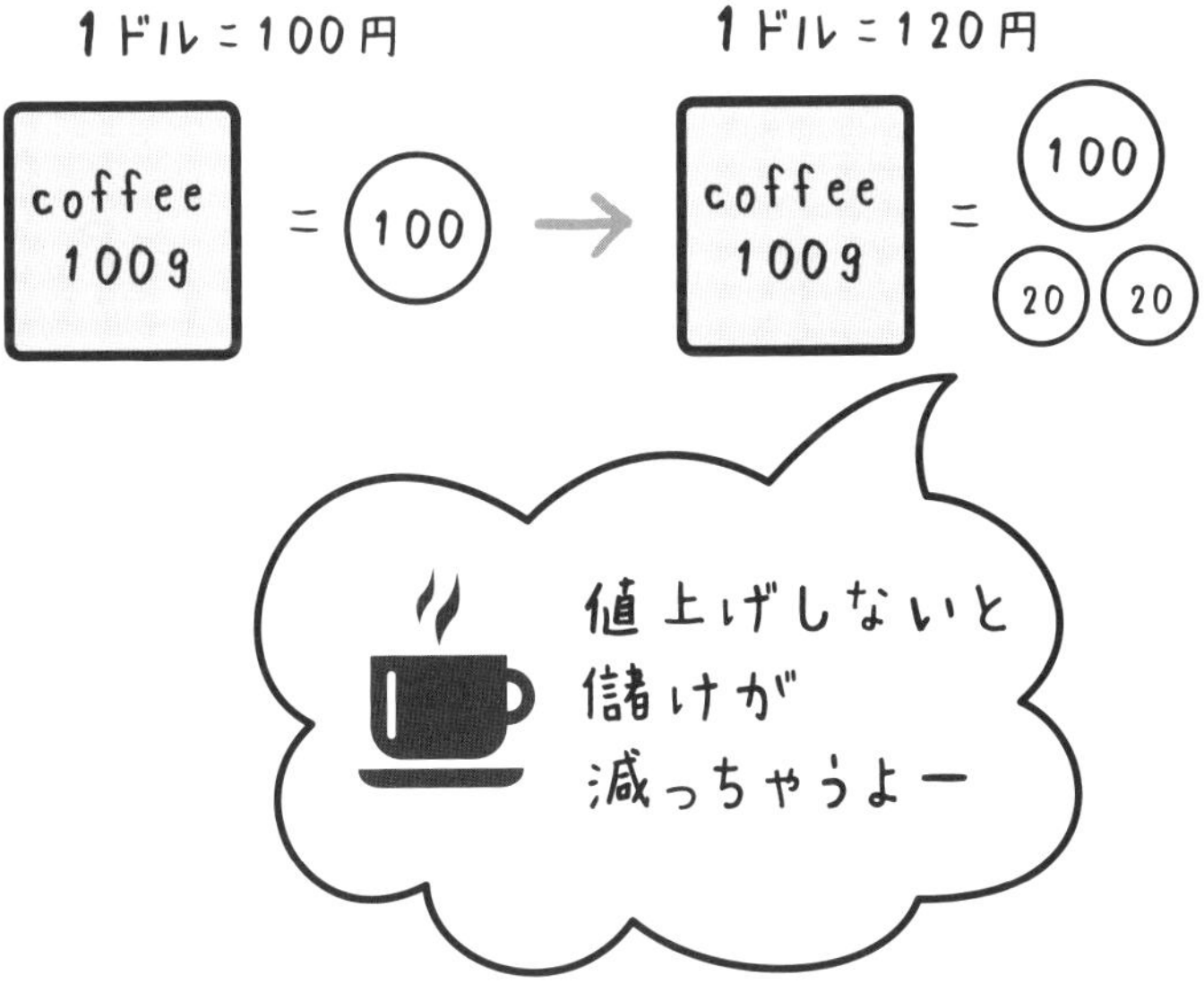
1ドル＝100円
coffee 100g
＝ 100
1ドル＝120円
coffee 100g
＝ 100 20 20
値上げしないと
儲けが
減っちゃうよー

を上げないといけない理由はおそらく経費が増えたからでしょう。コーヒー屋さんの経費で変動が考えられるのは、材料のコーヒー豆。仕入れ値が上がったために、利益を圧迫し価格を上げざるを得なくなったと考えられます。

では、なぜコーヒー豆の値段が上がったのでしょう？

コーヒー豆は輸入されています。仮に１００g１ドルのコーヒー豆を輸入するとします。１ドル＝１００円なら１００g１００円で買えることになります。では、１ドル＝１２０円になったら？　１００gのコーヒー豆を買うのに１２０円必要になります。つまり１ドルが１００円から１２０円になったことで、経費である材料費が高くなり、儲けが減ったためコーヒー代を値上げしたという流れです【図12】。

普段、自分が利用しているコーヒー代の値上げという身近な出来事にも、１ドル＝○円という為替*の動きが関わっています。為替は、世界経済によって動きます。つまり世界経済の動きが、わたしたちの生活に変化をもたらしているのです。そう考えると、経済についてよく分からないというよりは、経済について無意識に生活しているだけといえます。

今、経済について意識していなくてもまったく問題ありません。株式投資を始めると、経済について自然と考えるようになります。為替の変動や、景気が株価にも影響を及ぼしますから、それらを知るために、経済ニュースを積極的に見たり、新聞を読むようになるはずです。日常的に、経済情報に触れるようになると、自然と知識が身につきます。最初は耳慣れなかった経済用語も、いつの間にかスラリと口から出てくるようになります。もしかしたら一般の新聞では物足りなくなり、日経新聞を読みたくなるかもしれませんよ（実はわたしがそうでした）。

＊為替……為替レート。外貨の相対的な価値のこと。外貨（この場合はアメリカのドル）1単位に相当する円で表示される場合が多い

誤解5：景気が悪いときは勝てない？

「日経平均株価」という指標があります。これはたいていのニュース番組で毎日報道されてますので、意識してチェックしてみてください。

日本の大手225社の平均株価である日経平均株価は、日本株全体の雰囲気がざっくりと分かります。雰囲気というとふんわりしてますが、日経平均株価が下がれば日本株全体の調子が悪いな、上がれば調子がいいな、くらいの感覚でよいと思います。

日本の景気がよいときは日経平均株価は上昇しますし、悪くなると低迷します。日経平均株価の史上最高値は、いわゆるバブルの絶頂点1989年12月29日につけた3万8957円です。その後は〝失われた20年〟と呼ばれ、日経平均株価はどんどん下がり、2009年のリーマン・ショック後には6994円の値をつけました。2012年の11月からアベノミクス相場がスタートし、2015年8月には2万円超えまで復活。その後、中国やヨーロッパの政治不安などもあり株価は15000円を割り込んでしまいましたが、アメ

図13

リカの大統領選でトランプ氏が当選してから、日本株は再び上昇を始め、２０１７年８月現在、２００００円付近で推移しています【図13】。

この値の上下は日本の景気とほぼ連動していますので、日経平均株価が低いときは、景気が悪いなと肌で感じるし、お買い物も控えがちになります。上がっているときは、世の中全体が浮かれてる様子で、高級なものの売れゆきもよくなります。こういうときは、株を買う人も多く、「株式投資スクール」の受講生も増えます。

わたしが株式投資を本格的に始めた２０１０年は、まだまだリーマン・ショックのダメージが尾を引いていました。どこそこの会社が倒産したとか、ボーナスがカットされたとか、リストラされたとか、そんな暗いニュースが多く、株を買おうなんて勇ましい人はほとんどいませんでした。

ところが、そんな**日本株全体が大きく下がっていたときにも、力強く上がった株がありました。**

その一つが、岡山発祥のディスカウント店を展開する大黒天物産。2009年8月に1800円だった株価は、2010年には約3000円と70％近く上昇しています。一方、同時期の日経平均株価は、10400円から8700円と20％下がっています。**まったく逆の動きをしている**のです。

景気が悪いからといって、すべての株が下がるわけではなく、**不景気だからこそ強い株**というのもあります。仮に、お勧めしている会社の業績が振るわず、ボーナスが思ったほど出なかったとしましょう。そんなとき、旅行を控えたり、家電や車、家など大きな買い物をするのは躊躇すると思いますが、生活必需品は買わないわけにはいきません。また、医薬品なども買い控えるのは難しいと思います。

それらの商品を扱う企業は比較的株価は下がりにくく、また大黒天物産のように、景気の悪さを逆手にとって上手に商売をしている会社は、ぐんぐん業績を伸ばし株価が上がっていくのです。

もちろん、景気がよくて全体の相場がよいときの方が、利益は取りやすくなりますが、景気が悪いからダメということではありません。**どんな相場でもチャンスはあります。**

景気が悪いから今は株式投資を始めるタイミングではないと思っている人は、景気がよくなったときも、今は株が上がりすぎたから始めるタイミングではないと考えます。いつまで経っても長縄跳びに入れない子どもみたいなものです。ただ眺めているだけでは、その楽しさは決して味わえません。相場のよい・悪いをアレコレ論じる前に、まずは一歩踏み出してみてはどうでしょう。

第3章

日々の生活にこそ お宝株のヒントあり

投資脳を育てて日常と株をリンクさせよう

株式投資をしていると、毎日の生活の見え方がまったく違って見えるようになります。

あなたのパートナーがスマホゲームにハマっていて、二人でいるときもゲームばっかりしてるとします。普通の人ならムカつくと思いますが、あなたが株式投資家であれば「まさにチャンス!」とほくそ笑むでしょう。なぜなら、**上がる株のヒントは流行りものにあるからです**。過去を振り返ってみると、何倍、何十倍にも上がった株のほとんどが身近なヒット商品を出した会社です。

ゲーム関連で言えば、パズル&ドラゴンズ(通称パズドラ)を出したガンホーの株価は、2012年から2013年にかけて100倍以上も上がりました。当時、電車の中でパズドラに夢中になっているサラリーマンを毎日のように見かけました。そのほかにも、モンストのミクシィ、最近ではポケモンGOの任天堂など、ゲームの銘柄は上昇が目立ちます。ゲームに詳しいパートナーがいたら、それは絶好のチャンスなのです。そのゲームがどれほどおもしろいのか、ゲーム業界で注目されているのか、根掘り葉掘り聞いてみてください。ゲームをやらない人では気づけないようなお宝情報が得られるかもしれません。

自分の好きなことを聞かれて、イヤな気持ちになる人はいません。**株のヒントがもらえる上に、パートナーとの関係も良好になります。**


ヒントをくれるのはパートナーだけではありません。子どもが「みんな持ってるから買って！」とおねだりしてきたらビックチャンスです。

3年ほど前、中学生になる娘が「ママ、みんな持ってるから買って」と言ってきたものがあります。フリクションという消せるボールペンです。それまでフリクションの存在を知らなかったので「ボールペンで消せるって、なんて便利なの！」とちょっとした感動を覚えました。

フリクションは、パイロットという老舗のペンメーカーが出しています。業績を調べてみたところ、たしかに売上・利益ともに伸びていたので、さっそくパイロットの株を買いました。その後5倍近く上昇したのです。娘のフリクションを買うためにお財布から数百円のお金が出ていきましたが、同時に何倍ものお金がお財布に入ってきたのです。これが株式投資の大きな魅力です。

つまり**何倍にも上がる株を見つけられるのは、株のセンスがある人ではありません。誰にでもチャンスがある**のです。

ただし、投資脳がない人では見つけられません。

投資脳とは？　それは、**お金を使って、お金を増やすという考え方**です。残念ながら、日本にこの投資脳が身についている人はあまり多くいません。たいていの人が幼い頃から「お金はなるべく節約しましょう」「使わずに貯金しましょう」と教わっているからです。「お金を使ってお金を増やしましょう」と子どもの頃から教育された人はほとんどいないと思います。ですが、これから株式投資で利益を出したいと思うなら、日頃からこの投資脳を意識してみてください。「お金を使ったら減る。だから使わないでおこう」という考えでは、いざというときに大事な一歩が出ず、みすみすチャンスを逃してしまいます。

何か流行っている商品やサービスに出会ったら、単にそれを買ったり利用したりするだけでなく、この商品を作ってるのはどんな会社なのかな？　業績はどうなのかな？　株価はどうなってるのかな？　これからもっと成長するのかな？　と投資に関連づけて考える

＝**投資脳を働かせるクセ**をつけてください。

日頃から情報収集を習慣にするというのは、この投資脳を育てるためにとってもよい訓練になります。世の中でどんなものが流行っているのか、常にアンテナを立てておきましょう。

もう一つ、投資脳を育てる訓練方法があります。これは買い物するときに常に意識して欲しいのですが、今買おうとしている商品の価格は、その商品の価値より安いかどうか、つまり割安かどうかを考えるのです。

株式投資で利益を出すための絶対条件は、**株価が割安なときに買って、高くなったら売る**ことです。普段から、価格に比べて価値が高いものを選べるようになると、株式投資の腕もぐんとアップします。

Twitter, Facebook, Instagram……SNSは情報の宝庫

わたしはかなりのツイッター中毒者で、2009年からツイッターを始め、なんと10万回以上つぶやいています。1日でだいたい30ツイートくらいしているので、すでに人生の一部といってもいいかもしれません。つぶやく内容は何の統一性もなく、日々の生活で感じたことや、子どもたちとのやり取り、それから株についてもときどきつぶやきます。

アカウントは@Foranginaです。よかったら覗いてみてください。

実はこの**ツイッターからも、投資のヒントを得ることが結構あります。**

たとえば、いっとき鳥貴族の話題がタイムラインに流れてくることがありました。鳥貴族というのは、大阪発祥の焼き鳥屋さんで東京にも進出しています。価格がすべて一緒というのが売りで、2015年に上場。関ジャニ∞の大倉くんのお父さんが社長さんということで、大きな話題にもなりました。

その鳥貴族に関して、やたらと『安くておいしい！』『毎日でも行きたい！』みたいなツイートがたくさん流れてくるので、気になって実際の店舗に行ってみました。すると、たしかに安くておいしいのです。店内は活気がみなぎり、お店の勢いを感じます。これは売上も伸びているだろうな、と投資脳を働かせ、鳥貴族の株を買って利益を取ることができました。

こんなことがしょっちゅうツイッター上にはあります。わたしはゲームをまったくやらないので、どんなゲームがおもしろいのか分かりませんが、ツイッター上にはゲームオタクがたくさんいます。その人たちが夢中になっているゲームを検索して、上がる銘柄を発見することもあります。

自分の苦手な分野でも、加工されていない生の情報を得られるところがSNSの魅力です。ツイッターに限らず、フェイスブックやインスタグラムでも同じことだと思います。

もしくは、**自分が気になっている銘柄を検索してみる**のもおもしろいです。ポジティブな意見、ネガティブな意見、いろいろ出てきますが、それらを総合的に判断して最終的には自分で買うかどうか決めます。

一つ気をつけて欲しいのは、**ネットの意見を鵜呑みにしないこと**です。なかには、わざと自分の持っている銘柄のことをよく言って、株価を釣り上げようとする人もいます。株の世界で影響力が大きく、フォロワー数も多い人なら、その人のつぶやきに反応する人は結構いるのでしょう。人の意見ばかり鵜呑みにしていると、自分で上がる株を見つける力が伸びていきません。また、自分で選ばずに買った株は、いつ売っていいのか、売るタイミングがつかめません。長期的に利益を出すためには、自分で銘柄を選べるようになる必要があります。

あくまでも**SNSは投資のヒントを見つける場所**と思ってください。

もう一つ、ツイッターで便利なのは情報のスピードです。株式市場は朝9時に開いて、午後3時に閉まります。その間、定期的に今の日経平均株価や、暴騰、暴落している銘柄、また、1ドル何円といった為替情報（株は為替の変動にも影響を受けるのでチェックします）など、リアルタイムでつぶやいてくれるアカウントをいくつかフォローしています。

わざわざ自分から情報を取りにいかなくても随時目に入ってくるので、相場感が自然と養われていきます。

ちなみに、わたしがフォローしている投資関係のアカウントがこちらです。

10％値下がりｂｏｔ　@Down10pct_bot
新高値ｂｏｔ　@NewHigh_bot
会社四季報オンライン　@shikihojp
適時開示情報　@tdnet_jp
日経ヴェリタス　@nikkei_veritas
外為ＮＯＷ　@GAITAMENOW
モーニングスター　@morningstarjp

〝風が吹けば桶屋が儲かる〟的発想力

株価がどうして上がったり下がったりするのか、これをひと言で表すとズバリ〝**需給**〟です。**需要と供給が一致した点で株価は決まる**ので、欲しい人が多いと株価はどんどん上がりますし、欲しい人がいなくて売りたい人が多いと株価はどんどん下がります【図14】。

業績もよい、財務も万全、事業内容もよい、なのにまったく上がらない株というのがあります。特にわたしが投資対象にしている小型株には、そういう銘柄が結構あるのです。なぜ上がらないかというと、今その株を持っている人以外に、新たに買いたいという人がなかなか現れないからです。

では、どういうときに新たな買い手が現れるのか？　いろいろなパターンがありますが、分かりやすいのは、大きなイベントやニュースが発表されたときです。

たとえば、東京オリンピック開催決定！　というビッグニュースの直後は、いわゆるオ

図14

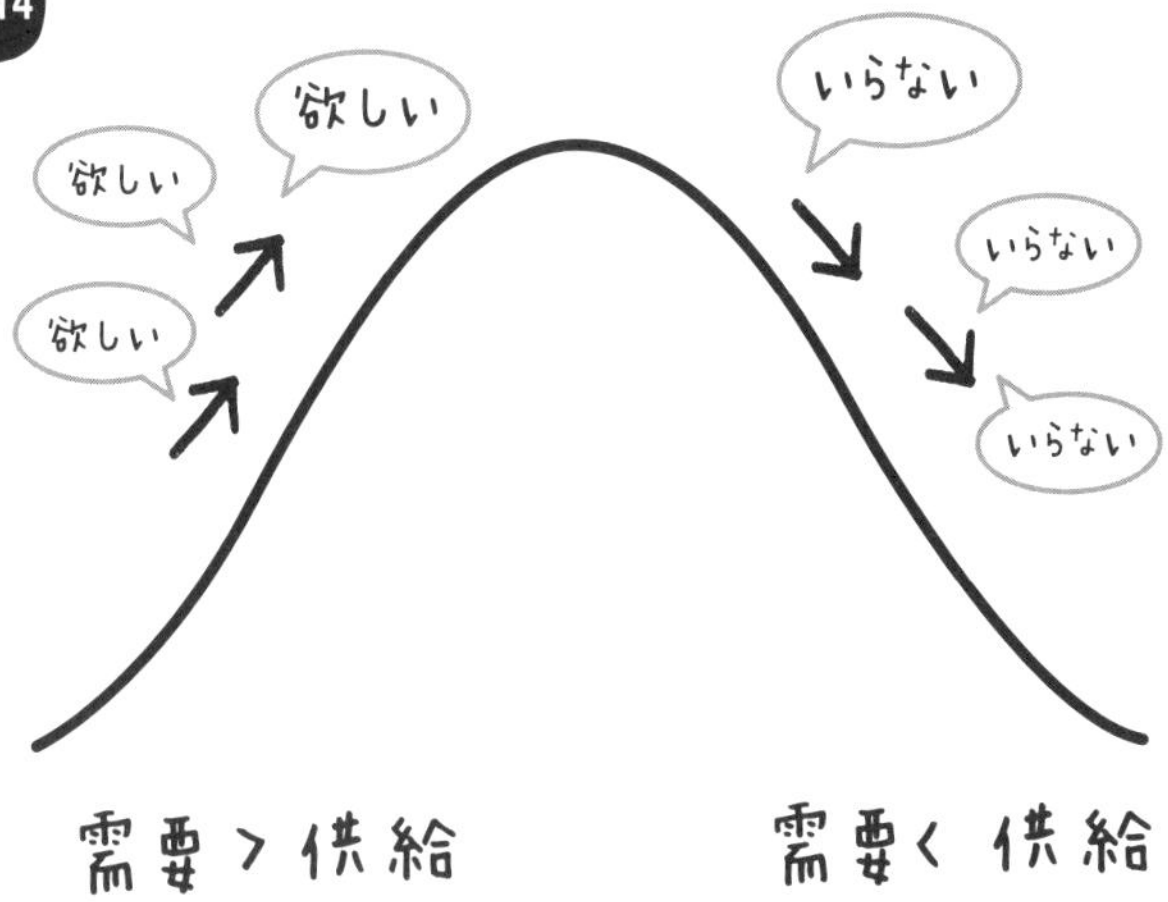

リンピック関連銘柄というものが続々と上昇しました。競技場を造営する建設関連企業、テレビの売上アップが期待される家電量販店、選手の育成やウェアなどを開発するスポーツ関連、テロや観客の乱入を防ぐ警備会社などなど。当然、観光客も増えるので、航空会社や旅行会社、ホテルやレジャー施設を運営する企業、コミュニケーションを取るために欠かせない英語教育関連企業といった銘柄も買われました。

こういう話題があったときは、このニュースによってどんな業界、どんなサービス、どんな商品が売れるかな？ と**想像力を働かせてください。**

そういえばオリンピック開催のニュースが発表された翌日に、オリンピックというスーパーを経営する企業の株が上がるという、ちょっとおかしな出来事がありました。ただ名前が一緒という理由で売上が上がるかどうか怪しいですが、話題のテーマに関連がありそうというだけで株は反応したりするのです。

2014年、テニスの錦織圭選手が世界ランキング1位のジョコビッチを破り、日本人初の全米オープン決勝進出を果たしたとき、決勝戦をリアルタイムで見たい！と思った人は多かったと思います。残念ながら、地上波で試合を見ることはできません。唯一、見るための手段はWOWOWに加入することでした。

もしみなさんが、株式投資家ならこのチャンスを逃してはいけません。WOWOWの加入者が増える→売上が伸びる→株価が上がる、という図式がすぐに思い浮かぶはずです。実際、放送直後のWOWOWの株価は1日で10％近く上がりました。そのタイミングですぐに株と結びつかなかったとしても、テニスをきっかけにWOWOWに加入し、サービスを気に入れば、改めてWOWOWを投資対象として吟味することもできるでしょう。

株式市場にとって、2016年一番のニュースは、やはりポケモンGOでした。ポケモノミクスとネーミングされるほど、ポケモン関連の銘柄が軒並み上がりました。筆頭に挙がるのが、王道の任天堂です。15000円付近でずっと動いていなかった株価が、日本でのリリース直前には32700円の高値*をつけました。そのほかに動いた銘柄としては、マクドナルド（全店舗がゲーム内でアイテムをもらえるポケストップに）、第一屋製パン（ポケモンパン販売）、テレビ東京ホールディングス（ポケモンアニメ制作）、イマジカ・ロボット ホールディングス（子会社がポケモンアニメ制作）、サノヤスホールディングス（ポケモンジム運営）、トレンダーズ（ポケモンGOモンスターコレクション）など。

ここまでは、比較的ダイレクトに関係している銘柄ですが、想像力を働かせた人のおかげで動いた銘柄も結構あります。

歩き回る人が増えるということで、歩きやすい運動靴を販売しているアキレス、位置情報ゲームが盛り上がるんじゃないかという期待で位置情報ゲームを開発する子会社を持つオールアバウト、スマホの充電器を販売するHamee。ゲーム内でタマゴを孵化させるための歩数を稼ぐために、スマホをプラレールに乗せるという発想が話題になったことで販売会社のタカラトミーも注目されました。よくもまあ、関連づけたものよと感心します

＊高値……1日、1週間、1ヶ月、1年など、特定の期間において一番高い株価。一番安いときは安値と言う

が、実際にそれで利益を得る人がいるので株はやはりおもしろいと思います。

日々のニュース、世の中で起こる出来事を、車窓の景色のようにスルスルと流して見るのではなく、一旦自分の手に受け取って、３６０度グルっと観察し、アレコレ想像してみるクセをつける。〝風が吹けば桶屋が儲かる〟的な発想力を養うことこそが、よい投資家になるための秘訣です。

ちょこっと情報取りを〝習慣〟にする

野球にまったく興味がないわたしでも、イチロー選手の日米通算4000本安打達成のニュースには胸躍るものがありました。彼がどれほどすごい人なのか、検索するとたくさんのエピソードが出てきますが、その中でもひときわ目につくのは〝習慣の天才〟であるということ。たとえば、試合前に行うストレッチやトレーニング、打席に立ったときの一連の動作、毎朝の朝食（奥さまが作るプレーンカレー）まで習慣化されています。

2004年にメジャーリーグ最多安打記録を達成したときのインタビューでは「細かいことを積み重ねることでしか頂上には行けない。それ以外には方法はないということですね」と答えています。

実はこれは、株式投資にも当てはまります。短期でドカーンと派手に儲ける投資ではなく、長期で確実に成果を出す投資を目指すなら、まずは**日々の情報収集を習慣化**します。といってもイチロー選手のようにストイックなことをする必要はありません。ほんの少し、意識するだけで十分です。

1．情報番組を見る

ワイドショーでもバラエティ番組でも構いません。話題のお店や流行のファッションなど、投資のヒントが満載です。パンケーキ、かき氷、ローストビーフ丼など、情報番組で取り上げられたネタがきっかけで投資した銘柄もたくさんあります。興味があれば、おもしろい企業を紹介するテレビ東京の「カンブリア宮殿」など、堅苦しくない経済番組もおすすめです。

2．電車の中吊りを読む

移動中の電車の中でスマホを見ている人が多いと思いますが、少し目線を上げて、中吊り広告に目を向けてください。雑誌や週刊誌の見出しの中にもヒントが隠れています。ドア近くに貼ってある企業広告にも注目。おもしろい企業に出会うことがあります。

わたしがライザップを最初に発見したのは電車内の広告でした。2013年1月～2015年6月までの間で100倍に上昇した大化け株です。電車の移動中にもこういうビッグチャンスが転がっているので、居眠りしていてはもったいないです。

３．スーパーの売り場をチェック

スーパーやコンビニに買い物に行った際は、目当てのものを買うだけでなく、お店全体をグルっと見て回るようにしてください。毎回意識的に見ていると、売れ筋商品や新商品、売り場面積の変化など、いろいろな気づきがあります。

スーパーでわたしが目をつけた銘柄はカルビーです。２０１２年頃から徐々に売り場が拡大したフルーツグラノーラに注目。大きなシェアを占めるカルビーの株を買い、そこそこの利益を取ることができました。毎日のお買い物でお金を増やすチャンスを見つけられるというのも株のおもしろいところです。

４．本屋さんに入る

待ち合わせをするなら本屋さんを指定するなど、意識的に本屋さんに立ち寄りましょう。目的の本をネットで買うのとは違った発見があります。興味がある分野だけでなく、本屋さん全体をパトロールするようにしてください。平積みされている本、惹きつけられるＰＯＰ、目につく雑誌の特集記事など、たくさんの情報が溢れています。

5．行列や人混みを見つける

街ナカこそ、投資の種の宝庫です。好奇心全開でキョロキョロ見回してください。人だかりができている場所や、行列ができているお店は絶好の投資対象になります。わたしの職場は原宿にあり、どこかしらに行列ができています。ポップコーンのお店、かき氷のお店、ローストビーフのお店、アップルパイのお店、ハワイアンコーヒーのお店……。行列を見かけるとその場で検索し、上場しているかどうかチェックするクセがつきました。実際、そこから利益を取れることが結構あります。行列大好き！

株式投資のヒントは毎日の生活の中にあります。

心の目を大きく開いて、ちょこちょこと情報を取り入れる習慣をつけることで、上がる株を自然と発見できるようになります。そういう意味で株は、一番身近で無理なくできる投資だと思います。

街ナカで見つけたわたしの上昇株

株式投資をするようになると、街に出るのが楽しくなってきます。**繁盛しているお店、行列ができている場所、みんなが食べているもの、それらすべてが投資脳を刺激します。**

わたしの場合は、行列ができているお店を見つけると一気に投資脳が活性化してワクワクします。これはチャンスかもしれない！　その場ですぐにそのお店の名前を検索して、経営している会社が上場しているかどうかチェック。もし上場していたら、投資対象にしてよいかどうかざっくり調べます。

実際にわたしが街ナカで見つけた銘柄を紹介しましょう。

1．SFPホールディングス

日頃わたしが講演をしている「株式投資スクール」は新宿にあります。そこへの道中にあるのが**「磯丸水産」**というお店です。24時間経営の居酒屋さんで、職場の人から安くておいしいという話を聞き、実際に行ってみました。店員さんの威勢がよく、夕方4時というお昼には遅く、夜には早い中途半端な時間にもかかわらず、店内には活気があります。磯丸水産のウリは、自分で魚介類を網焼きできるところにあるようです。一人だったのでさすがにそれはしませんでしたが、そのときいただいた海鮮丼はとてもコスパがよく、それからもちょくちょく通っています。

磯丸水産を経営している会社はSFPホールディングスといい、ほかにも手羽先唐揚げの専門店「鳥良」、100種類食べ放題のお寿司屋さん「きづなすし」などを運営しています。昔勤めていた会社が表参道にあり、よく駅前の「鳥良」に通っていたのでなんとなく親近感が湧きました。

SFPホールディングスは2014年12月に上場し、そこから1年くらい株価は低迷していましたが、ちょうどわたしが磯丸水産に通い始めた2015年春先から上昇しました。

4月に1400円で300株買って、7月に1800円で売りましたので3ヶ月で約30%、12万円の値上がり益です【図15】。大儲け！ってほどではないですが、贅沢な温泉旅行ができるくらいの収益になりました。

2. 寿スピリッツ

表参道に「GLACIEL（グラッシェル）」というアントルメグラッセ・生グラス（生アイ

図15

SFPホールディングス

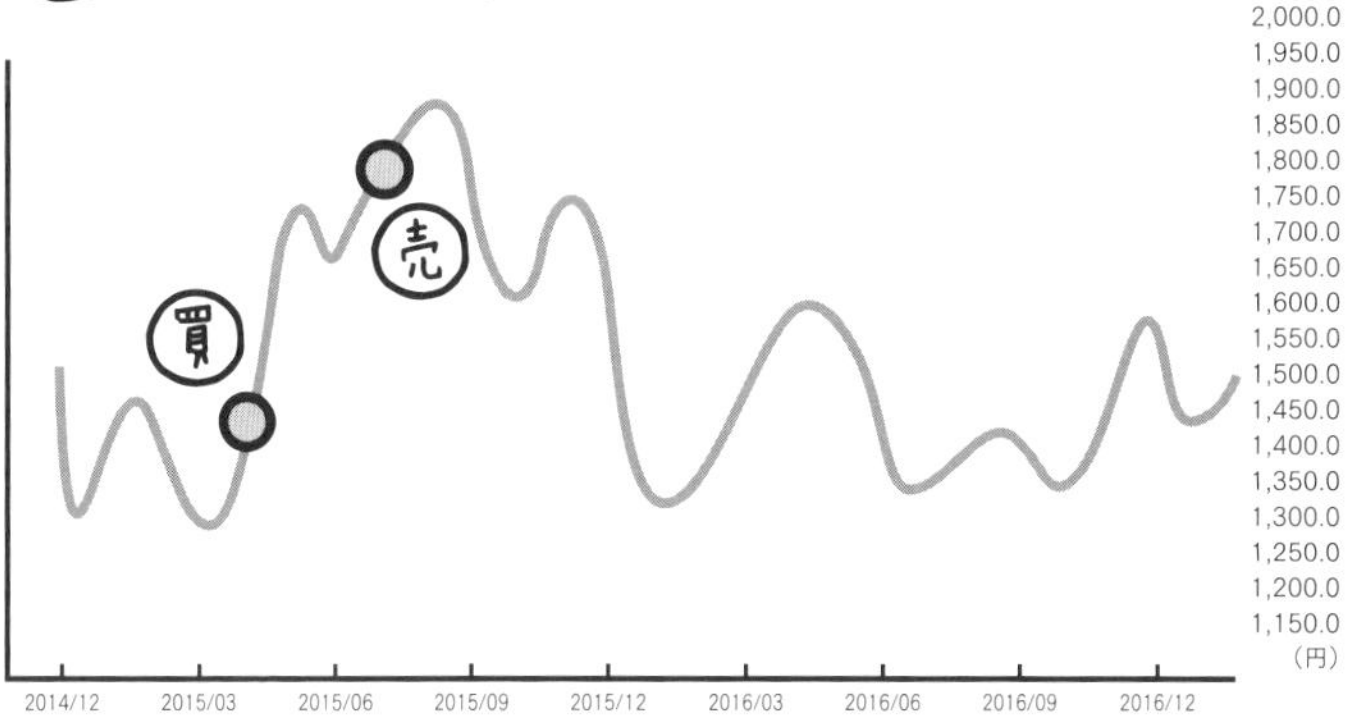

図16

寿スピリッツ

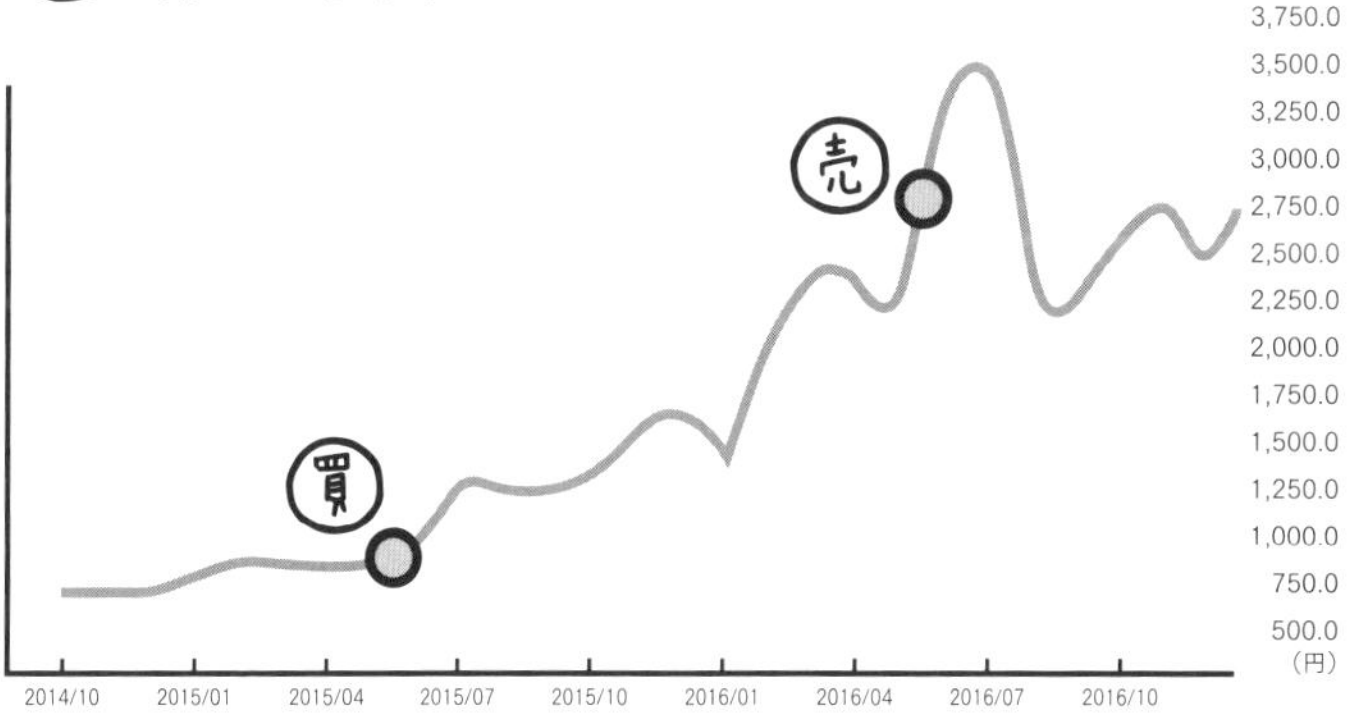

ス）専門店があります。ラフにいうとアイスクリームケーキですが、新鮮な素材で作られたとってもオシャレなケーキで、女子なら誰しも「かわいいーーー！」と絶叫してしまいます。２０１3年のオープン当時はちょっとした話題になりましたので、わたしもさっそく偵察に。今まで食べたことないような奥深いアイスクリームの味わいに驚きました。

実はこのお店は、寿スピリッツというお菓子メーカーが運営しており、チーズケーキの「LeTAO（ルタオ）」と聞けば知ってる方も多いのではないでしょうか？

寿スピリッツは、とっても優秀な会社で、毎年のように業績を伸ばしています。地方限定のお菓子なども製造販売しており、株価は上場以来、概ねきれいな右肩上がりです。

わたしがこの株を買ったのは、２０１5年の5月くらいで株価は約９００円、1年くらい保有して2８００円くらいで売却。約3倍の大きな利益を取ることができました【図16】。スイーツ好きが株式投資に生かされたおいしい売買でした。

3．スターゼン

原宿にあるわたしの会社近くに、毎日のように行列ができるローストビーフ丼のお店があります。２０１5年の夏くらいから2年以上経った今でも、まだ行列が続いている人気店です。行列ができ始めたとき、もちろんすぐにそのお店の名前を検索しましたが、残念なことにそのお店を経営してる会社は上場していませんでした。

毎日、その行列の横を通りすぎながら、早く上場しないかなーと思っていたところ、2016年秋号の四季報で目に止まったのがスターゼンです。食肉卸では首位の企業で、マクドナルドのハンバーグパティを製造する子会社なども持っています。

四季報のコメント欄には**「【順風】ローストビーフは外食のどんぶり等ブームに乗り拡販」**とあり、業績予想の数字はすばらしく伸びています。それが目に入った瞬間、〝!〟という記号がぴったりなほど興奮しました。次の章で詳しく説明しますが、四季報は銘柄選びのパートナーです。その四季報に、自分が感じていたことが載っており、しかも結果が出ると予想されている。**街角で感じていた流行が、実際の会社の業績と結びついた瞬間**です。

先日、独学で株の勉強をしているという人から「株は情報戦なので、自分が街で発見していいなと思ってから株を買っても、すでに遅いんじゃないですか?」という質問を受けましたが、まったくそんなことはありません。大型株でプロと戦うなら情報戦に参戦しなくてはいけませんが、業績が株価に反映されやすい小型株であれば、一瞬を争うような情報戦に巻き込まれることはほとんどありません。

このお店は流行っているな、と気づいてから株を買っても、十分利益は取れます。情報をたくさん持っている人が有利であるのは間違いないですが、特殊なルートでしか得られない情報や、誰よりも早く手に入れないといけないような情報で判断する売買は、個人投資家には不向きです。何より疲れますので長く続けられません。毎日の生活の中で自然と得られる情報で、楽しみながらゆったり売買していきましょう。

第4章

会社四季報を愛読書にしよう!

個人投資家のバイブル〝会社四季報〟

株の銘柄選びで個人投資家の頼もしい味方は、東洋経済新報社から出版されている**〝会社四季報〟**です。**個人投資家のバイブル**とも呼ばれ、長期にわたって利益を取れている投資家の多くが四季報を愛読しています。

なぜ個人投資家は、四季報を愛読するのでしょう？　それは、**個人投資家に有利な小型株の情報をまとめて得られるツール**だからです。

第1章でも書きましたが、トヨタ自動車やソフトバンクのように時価総額の大きな大型株の情報は、機関投資家と呼ばれるプロがあらゆる手段を使って収集分析しています。いくら情報がオープンになった時代とはいえ、プロの持つ情報量とわたしたち個人投資家が得られる情報量にはやはり圧倒的な差があり、太刀打ちできません。まさに情報戦となりますので、あっけなく負けてしまうのは目に見えています。それに対して、時価総額50

0億円以下の小型株になるとプロはいちいち分析などしていられませんから、四季報に出てくる情報がとても貴重になります。それを見て買う投資家が多いので、四季報発売後に動き出す株が多いのです。

四季報は名前の通り年に4回**（3月＝春号・6月＝夏号・9月＝秋号・12月＝新春号）**発売されています。もちろんわたしも四季報をこよなく愛する〝四季報ラバー〟の一人。本格的に株式投資を始めた2010年から、毎号欠かさず定期購読しています。

ちょっと裏技的なことを話すと、四季報は個人名義で定期購読すれば発売日の前日に宅配便で届きます。わたしは受け取ったらその日の夜のうちに約3500銘柄すべてに目を通して、翌日の朝イチでよさそうな株を買います。そうすれば、発売日に書店で四季報を買う人よりも、一足先に有望株を買うことができるわけです。最近は、会社四季報オンラインで有料のベーシック会員になれば、紙の四季報の発売を待たずとも更新情報を見られるため、かつてほど有利ではありませんが、それでもやはりこの習慣を続けています。

なぜ四季報の全銘柄に目を通すのでしょうか？

証券会社などのツールを使ってスクリーニングすれば、自分が探している条件に近い株を効率よく見つけることができます。「それではいけないのですか？」と、「株式投資スクール」の受講生にもよく聞かれます。もちろんそういう方法もアリですが、四季報で全銘柄に目を通すことで今まで**自分の興味の範ちゅうになかったすばらしい銘柄に出会う**ことがあります。

たとえるなら、スクリーニングで見つけるのは、Ａｍａｚｏｎで本を買う感じです。最初からある程度テーマが決まっていて、スピーディに欲しい本を見つけられます。それに対して、四季報で株を見つけるのは本屋さんで本を買う感じです。店内をブラブラと歩いてる間に、おもしろそうな本にふと出会う、といったイメージでしょうか。

株式投資の楽しみの一つは、**今まで自分が知らなかった世界に出会えること**です。７年間、毎号毎号四季報の全銘柄に目を通していても、その都度新しく発見する株があります。投資対象として目を引く株はもちろん、そうでなくてもおもしろいなと思う会社を発見すると誰かに話したくてウズウズします。たとえば、キャスターばっかり作っている会社とか、白衣ばっかり作っている会社とか、ネジばっかり作っている会社とか。世の中には本当にいろいろな会社があるんだなと感心します。

実際の誌面を見てみましょう【図17】。本書では、主に以下の四つを取り上げます。

図17

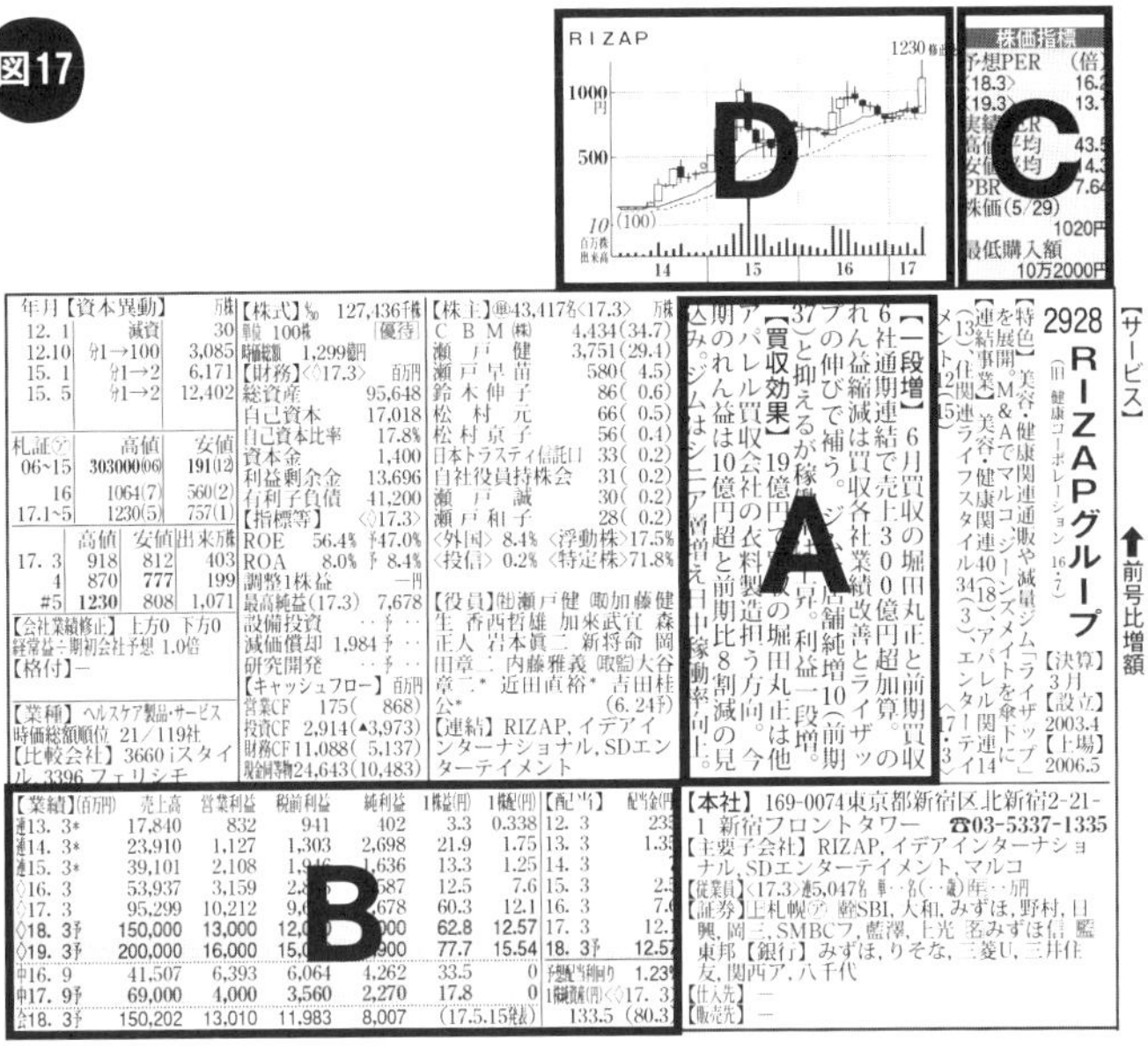

A…業績・材料記事欄。独自の取材をもとに、中期的な成長力に関わる事項や経営課題が記載されており、投資のヒントに。四季報の中で唯一、**記者の気持ちが反映される場所**です。

B…業績欄。**網掛けの部分は四季報記者による予想の数字**になっています。会社の予想と四季報の予想の数字の違いに注目です。

C…株価指標欄。株価が割安か割高を簡易的に判断するのに使います。

D…株価チャート。中長期での株価のトレンド（方向性）が分かります。

4ケタのコード番号で得意分野からスタート

四季報ラバーであれば、毎号、最初から最後まですべての銘柄に目を通して欲しいところですが、最初から2000ページを読破するのはさすがにハードルが高い作業です。そこでおすすめなのは、自分の得意分野や興味のある業種に絞って読む方法です。

上場している会社には、すべて4桁の証券コードが振り分けられています。会社の背番号みたいなものだと思ってください。千の位の数字で、ざっくり業種分けされていますので、得意分野の桁番号をチョイスして、そこからスタートします。

一般的になじみやすいコード番号をピックアップすると

2千番台…サービス、食料品

利用したことがあるお店や、普段使っている食料品の会社名がたくさん出てくるので、ページをめくるのがワクワクします。たとえばアスクル（2678）や、キッコーマン

（２８０１）、食べログを運営するカカクコム（２３７１）などがあります。

４千番台…化学

化学と聞くと「え？」と思うかもしれませんが、化粧品会社は化学に分類されますので、資生堂（４９１１）やコーセー（４９２２）など案外なじみがあります。殺虫剤のフマキラー（４９９８）やセロテープのニチバン（４２１８）など、家の中でよく見るものもたくさんあり、わたしたちの生活は化学に支えられているんだなと気づかされます。

８千番台…小売業、卸業

百貨店やスーパーの名前が並びます。若い人たちに大人気のアクセサリーブランド４℃ホールディングス（８００８）やアパレルの三陽商会（８０１１）、キティちゃんでおなじみのサンリオ（８１３６）などもここに入っています。

９千番台…情報通信、サービス

最後の方でうっかり見逃しがちですが、９千番台にもちょこちょこ見慣れた文字を見つけることがあります。進研ゼミのベネッセホールディングス（９７８３）やご存知ヤマダ電機（9831）など。

ただし、上場している企業は入れ替えがあります。上場廃止になることもありますし、新規上場してくる会社もあります。あとから上場する会社は空いている番号に振り分けられるため、桁番号による業種の分類が曖昧になっている部分もあります。特に個人投資家におすすめの小型株は、比較的新しい会社が多いので、各桁番号に散らばっています。四季報を読むのに慣れてきたら、1千番台から9千番台までひと通り目を通すのにチャレンジしてみてください。全体を通して見ることで、どういう業種が調子がよくて、どういう業種が斜陽なのか、肌で感じることができます。やはり調子のよい業種から銘柄選びをした方が、上がりやすい傾向があります。

もう一つ、四季報のすばらしさを加えると、巻頭に「業種別業績展望」という情報が掲載されており、そこを見ると調子がよさそうな業種、そうでない業種が分かります。先にそちらをチェックして、調子のよさそうなところから順にチェックしていくというのもアリですね。

小説のように四季報の行間を読み解こう

限られた文字数で表現される四季報記事欄は、記者の思いがにじみ出ます。この会社はいい！　と思って書いている文章と、この会社はダメだな、と思っている文章では、やはり温度差があります。それを読み取っていくのも、四季報を読む楽しみの一つです。本好きならおそらく楽しい作業になるでしょう。いくつかおもしろいコメントを紹介します。

2169　CDS
〈2017年新春号〉

【ゴーン来襲】足元、むしろ三菱自動車のシステム開発増える。ロボットも新顧客着実。会社増額まだ控えめ。17年12月期はゴーン改革本格化、単価引き下げ必至。国内３社の連携強化、仕様書の利益率改善でしのぐ。
【ロボット】機械商社と組み、知名度向上・リピート受注拡大狙う。時機見て工場拡張へ。シャープ向け仕様書はスマホ続落でも複写機底堅い。公約配当性向の引き上げも。

ＣＤＳは、企業の技術仕様書制作がメインの会社。三菱自動車のシステム開発を手がけており、同社の会長にカルロス・ゴーン氏が就任したことを【ゴーン襲来】というインパクトのある小見出しで表現しています。【就任】といった当たり障りのない単語ではなく【襲来】という言葉を使ったところに記者の熱い思い（恐れ？）を感じます。

2226　湖池屋
〈2017年春号〉

【老舗の意地】産地の台風被害で原料価格上昇が誤算。が、2月発売の高単価新ポテチ「プライドポテト」好調。カラムーチョも順調。会社計画比で独自増額。18年6月期も新商品が牽引、営業益続伸。増配も。

【増産急ぐ】新ポテチは「和牛」「松茸」味が想定上回り、販売一時停止。増産体制整え早期再出荷へ。春以降ポリンキーシリーズ新商品など発売、高付加価値路線を加速。

ご存知湖池屋。台風の被害でジャガイモ不足による原料価格がつらいところ。それでも、企業努力でがんばってる姿を【老舗の意地】という言葉で応援しているようです。会社計画比で独自増額とありますので、記者は、湖池屋の底力はもっとあると信じているのでしょう。

2593　伊藤園
〈2017年春号〉

【最高益射程】飲料は主力品増勢。タリーズも既存店伸びる。自販機耐用年数延ばし償却費激減。為替差損でも最高純益射程。18年4月期も飲料主力が新製品効果発現。償却費増を吸収。営業増益続く。

【緑茶戦争】18年4月期は各社が緑茶を刷新、新製品投入で競争激化の様相。主力「お～いお茶」の抹茶入り派生新製品で対抗。神戸新工場稼働で手薄の西日本市場深耕。

最高益が確実に目の前に見えている様子が見出しから伺えます。競争が厳しいお茶業界でいかに戦うか？　伊藤園の戦いっぷりを期待しているようなちょっとワクワクしているような感じも受けます。

3444　菊池製作所
〈2017年春号〉

【苦しい】試作・金型の需要減退と価格下落きつい。マッスルスーツが後半に経産省の補助事業向け大量出荷でも営業赤字。補償金特益。18年4月期はマッスルスーツの特需剥落。開発費、償却費減るが赤字続く。
【試作・金型】不振続き抜本対応不可避。主力のハイテク関連以外で量産事業の拡大課題。ロボット受託開発も本格着手。マッスルスーツは作業補助向け需要開拓急ぐ。

菊池製作所は、試作品や板金加工が主力の会社ですが、力を入れているマッスルスーツが思うように伸びていないようです。【苦しい】としか表現しようがないところに切迫ぶりを感じますね。

6788　日本トリム
〈2017年春号〉

【下振れ】国民生活センターによる水素水の表示や濃度に関する注意喚起が痛打、整水器全般で売上下降。営業益横ばいに下振れ。18年3月期は医療関連踏ん張るが、注意喚起の影響残る。直販、卸・OEMともに苦戦続く。テレビ広告費削減で営業益横ばい。
【怒り心頭】当社製品は管理医療機器であり問題ないと主張。国民生活センターに意見書提出。目先は浄水カートリッジに注力。

日本トリムは、水素水整水器で首位の機器メーカー。いっとき大流行した水素水ですが、記事欄にある通り、国民生活センターより注意喚起があり大きなダメージを受けています。おそらく記者が会社の人に取材した際に、ビンビンと怒りを感じたのでしょう。それを受けての【怒り心頭】だと思います。

6502　東芝
〈2017年春号〉

【業容縮小】米国原発で7000億円強損失。巨額最終赤字で債務超過。18年3月期は原発追加損失やLNG契約等減損ない前提で営業黒字化。複数事業売却でインフラ軸に業容縮小。メモリ売却次第で純益上振れ。
【背に腹】稼ぎ頭のメモリ事業分社化、株式の過半を売却で債務超過解消図る。財務制限条項抵触（銀行は融資額維持に合意）。第3四半期決算遅延。特設注意市場銘柄。

巨額赤字でにっちもさっちもいかなくなっている東芝。この時点では、債務超過をなんとか解消するために、稼ぎ頭のメモリ事業を分社化することになっています。それしかないよね、というなぐさめのような気持ちが【背に腹】という見出しに表れているような気がします。

1925　大和ハウス工業
〈2017年春号〉

【死角なし】全事業が大いに稼ぐ。営業2ケタ増益。退職給付費用特損などない。18年3月期も介護、保育など商業施設の増勢続く。物流事業も堅調増。建築請負は勢い鈍るが拡大変わらず。米国住宅会社買収が上乗せ。連続最高益。8期連続で増配か。
【新潮流】日本郵政などと再配達軽減する戸建て向け宅配ボックス開発。全社員対象にプレミアムフライデーをいち早く導入。

すべての事業がうまく回っている様子が【死角なし】という見出しに見事に表現されています。まさに記者の太鼓判。プレミアムフライデーをいち早く導入というのも、好印象。

3560　ほぼ日
〈2017年夏号〉

【種まき期】主力の「ほぼ日手帳」は本体堅調もカバー単価反落。後半は手帳仕込み期で不採算。業務委託費増。営業外に上場費用。保険解約特益。18年８月期も手帳底堅い。が、積極採用で営業益足踏み続く。
【珍採用】名物編集長の河野通和氏を社員採用。物理学者の早野龍五教授をフェローに招聘。古典主体の学びの場創設や地球儀の新形態開発にらみ珍しい採用を敢行。

糸井重里さん率いる、ほぼ日の記事欄。ユニークな人材採用にこの会社らしさを感じたのでしょう。おもしろいことをしてくれるんじゃないかという期待を感じます。

8267　イオン
〈2017年夏号〉

【増益続く】ＧＭＳ国内出店６（前期７）。苦戦のＧＭＳ既存店売上は食品中心に踏張り横ばい。ＳＭは改装効き、ドラッグは出店効果で伸長。利益柱の金融、不動産好調で営業増益続く。税平常化。増配継続も。
【三度目は】中計の営業益目標は過去２連続で大幅未達。20年２月期２９００億円目標も挑戦的。ＧＭＳ、ダイエーのＰＢ統廃合、生鮮加工センター相互利用など急ぐ。

２年連続で中期計画を未達とやらかしてくれていますので、三度目は頼みますよ、というイオンへの圧力でしょうか。20年２月期２９００億円目標も挑戦的とありますので、本当に大丈夫？　という懸念があるのかもしれません。

3678　メディアドゥ
〈2017年夏号〉

【急拡大】出版デジタル機構（17年3月期売上約200億円、営業益約10億円）を新規連結。主柱の電子書籍取次は販路開拓進み順調増。小粒だが電子図書館、海外関連も着々拡大。人件費膨張ものともせず。
【間髪入れず】Webブラウザ開発企業、マンガの作画・色づけ支援企業を次々買収、事業領域広げる。講談社の個人向け電子書店開設サービスにシステム提供開始。

電子書籍の取次会社。「急拡大」「順調増」「着々拡大」「人件費膨張ものともせず」といった文面から勢いを感じます。次々と買収をしかけ、みるみる巨大化していく様子が目に浮かぶような臨場感のある文面。

思わず「へぇ～」と声が出るプチ発見がいっぱい

我が家では、四季報をつねにリビングのテーブルの上に置いてあり、ヒマさえあれば開いていています。雑誌を見るような感じでパラパラとめくるのですが、投資対象にはならなくても、思わず「へぇ～」と声が出てしまうようなプチ発見があります。

（2017年新春号以前より）

1382　ホーブ

イチゴ使った「恵方ロール」人気

それはロールケーキなのでは？

1814　大末建設

香川県の内装関連業者が開講した「職人育成塾」の技術指導支援

いいですね～。若い職人さんが育ってほしい。

2137　光ハイツ・ヴェラス

認知症カフェを毎月開催

なかなか斬新なカフェですね。

3053　ペッパーフードサービス

ステーキのファーストフード店展開。シニア層開拓へ義歯業者と連携

どういう展開に？ ステーキ用の入歯？

2176　イナリサーチ

信州大学等とiPS細胞使うカニクイザルの心筋梗塞治療の共著論文がネイチャー誌掲載。独自の免疫寛容カニクイザルの認知度向上

とにかくカニクイザルがすごいらしい。

3953　大村紙業

【ハワイで神輿】日本人団体から段ボール神輿特注受ける

ハワイでおみこし！ しかも段ボールで！

2897　日清食品ホールディングス

袋麺比率9割超のブラジルにカップ麺投入

へぇ〜。ブラジル人は袋麺の方が好きなのかな。

4661　オリエンタルランド

北海道にイチゴ農園設立

オリエンタルランドがなぜイチゴ園？ ミニーちゃんはいるのかな？

2911　旭松食品

【糖尿に効果】世界で初めて高野豆腐の糖尿病予防効果確認

これはすばらしい発見！

7865　ピープル

米大統領とトランプ氏の子息が「ピタゴラス」愛用と判明

子息っていったいいくつ？ と思ったら10歳でしたね。70歳で10歳の子ども……。体力ありますね。

6038　イード

アイドル映像に特化した日本で唯一のVR映像プラットフォームを立ち上げ

アイドルをVRで体験？ ますます若者の草食化が進みそう。

7962　キングジム

女子校と共同開発したカードサイズのマスキングテープが好調。「女子文具」として売り場拡大図る

「女子文具」というネーミングがキャッチー。

6050　イー・カーディアン

【バーチャル】ゲーム中の仮想現実酔い専門チーム立ち上げ

これは結構問題らしいですね。

8715　アニコム ホールディングス

【リス・カメも】16年11月から犬、猫等以外の8動物を保険対象に

リス・カメを飼ってる人がそこそこいるんでしょうか？

6357　三精テクノロジーズ

人の乗れる人型変形ロボットの開発に参画、17年完成を目指す

まさにSFの世界。

（2017年春号より）

2929　ファーマフーズ

【睡眠】ギャバの機能性表示に睡眠改善加えた新製品が食品メーカーから3月下旬発売

ギャバ、すごいな。

2904　一正蒲鉾

【芝田山】親方監修の食べる甘酒を発売

想像つきません。

3393　スターティア

度胸や勝負運ある新卒先発のため麻雀での採用枠

女性が採用されたらしいですよ。度胸ある！

2449　プラップジャパン

【印象測定】AIを用いて記者会見時の表情から印象を解析、数値化し採点する研究を東大と開始

これは政治家の皆さまのお役に立つのでは？

4465　ニイタカ

【食中毒防ぐ】ウィルス除去率99.999％の強力アルコール製剤「スーパーセーブ」の拡販に本腰

もうこれ100％と言っていいレベルですね。

2923　サトウ食品工業

14年9月買収のきむら食品の社名を17年5月、製品ブランドの「うさぎもち」に変更

電話に出る社員の気持ち考えて。

9046　神戸電鉄

【踊る電車】中高年向けに社内で懐かしいディスコを体験できる「ディスコトレイン」を走行し利用促進

サイコー！

5122　オカモト

3月、極厚型コンドーム投入

厚さを求めるあなたに。

9441　ベルパーク

スマホで落とし物や忘れ物追跡するIoTタグの取り扱い開始

忘れ物女王としてこれはうれしい！

7515　マルヨシセンター

【ハラル認証】地元大学のイスラム圏留学生増に対応し、ハラル認証商品の取り扱い開始

2017年春号では「ハラル」という言葉がチラホラ出ていましたね。

7819　SHO-BI

【バービーの瞳】米国マテル社から承諾取得し、バービー人形イメージのカラコン投入

どんなの？？

（2017年夏号より）

3591　ワコールホールディングス

締め付けのない高単価の開放系ブラは着心地向上し認知進む

開放系……いいね。

2415　ヒューマンホールディングス

児童向けロボット教室でプログラミングが学べるコース新設

プログラミングは子どもに習わせたい習いごとの上位ですもんね。

3627　ネオス

写真で自動計算する「カロリー計算ボット」などを独自開発

これは欲しい！

2812　焼津水産化学工業

昆布に含まれる糖類フコースに体重抑制効果を確認

なんですと!?　昆布買ってきてー！

4524　森下仁丹

中年期以降の物忘れを改善する生薬配合の第3類医薬品を発売

お世話になる日も近いです。

3175　エー・ピーカンパニー

海外はシンガポールで好調の美人鍋が出店の軸

美人が食べる鍋なのか、美人になれる鍋なのか、はたまた美人が作る鍋なのか。

6819　伊豆シャボテンリゾート

伊豆ぐらんぶる公園に新感覚のVRアトラクション「エグい〜っす」開設

ネーミングが新感覚。

4574　大幸薬品

【51年ぶり】糖衣錠以来となる正露丸の新製品を4月に発売。においも控えめで若年層開拓

眠れる獅子が起きた！

6998　日本タングステン

【おむつ倍増】佐賀・基山工場の紙おむつ用カッター18年3月施工で生産能力倍増

おむつ用カッターなるものがあるんですね。

4726　ソフトバンク・テクノロジー

【攻めの農業】農地台帳電子化、クラウド環境構築、農業会議所へのデータ移行代行深耕し複数年契約獲得

なんか、農業、かっこいい！

7550　ゼンショーホールディングス

すき家は糖質抑えたロカボ牛麺を発売

カロリーとか、糖質とか、そんなの気にしない人たちの聖域かと思っていたのに……。

6533　Orchestra Holdings

恋愛相談特化のチャットアプリ提供開始

相談させてください。

9033　広島電鉄

【イベント路面電車】「トランルージュ」は春におでん＆日本酒電車、夏はビール電車とイベント継続

飲めればいい、みたいな？

8230　はせがわ

カリモクに続き他の国内家具メーカーとも仏壇を共同開発

カリモクのお仏壇!? おっしゃれ～！

8338　筑波銀行

【埼玉ゼロに】埼玉県内唯一の春日部支店を茨城県の堺支店へ17年8月統合

埼玉のみなさま、さようなら。

8522　名古屋銀行

【大政奉還】6月に3代ぶりの創業家（現会長の娘婿）頭取へ

これは湿度の高いドラマがありそうです。

四季報は世相を映す〝社会の窓〟

先日、横断歩道で信号待ちをしていたら、隣にいた主婦らしき三人のオシャベリが聞こえてきました。その一人が「仕事をしてないから、なんとなく世間から取り残されてる気がする」と立ち話にしてはまあまあシリアスな話題。それを聞いて、わたしも自分が産休中に感じていた閉塞感を思い出しました。１日中、会話の成立しない小さな人と二人っきり。もちろんテレビもネットもありますので情報は入ってきますが、何か物足りなさを感じていました。

そんな世間から取り残された感覚を解消するのにも、四季報はもってこいです。なぜなら、四季報の見出しをひと通り読めば、世の中の動きが概ね分かるからです。

四季報の見出しには「最高益」「上向く」「堅調」「横ばい」「続落」など業績を表す言葉が多いですが、それ以外にもその時々のテーマになっているものが頻出します。わたしはそのテーマ見出しを発見するのが趣味なので、毎号メモして残しています。

図18

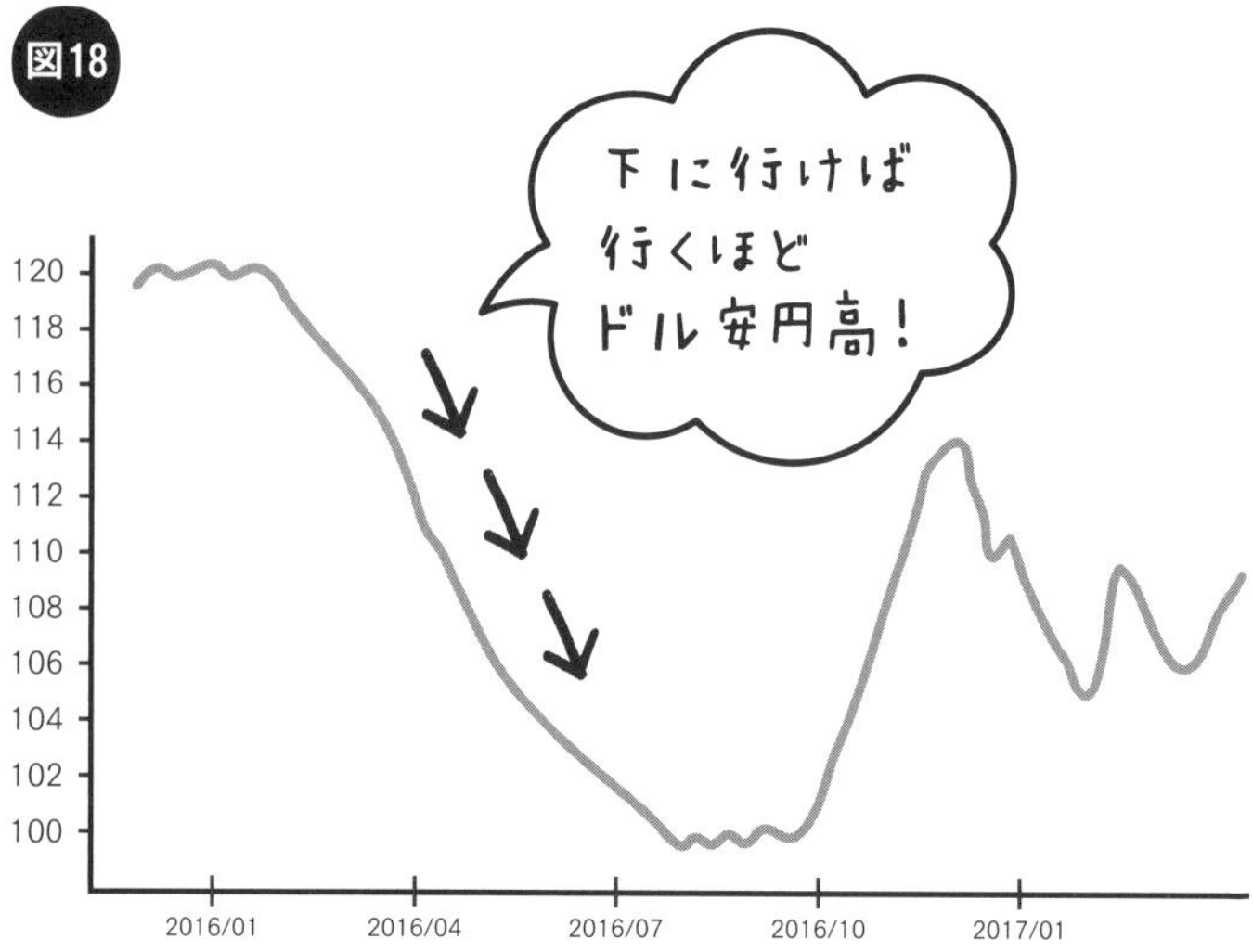

たとえば、**2016年秋号の「円高」**。

輸出が多い企業は海外の舞台で戦うため、外貨の価値が下がってしまう円高は業績にダメージを与えます。そのため、株の世界でも円高か円安かというのは常に意識されるのですが、2016年は年初からドル安円高がどんどん進行しました。1ドル120円から一時は100円を割ってしまったことも【図18】。

この時期、多くの企業が円高に苦しみました。なかでも、印象に残っているのはトヨタ自動車の見出し「とにかく円高」です。トヨタ自動車レベルだと1円の円高でも300億円のダメージがあるといわれています。その悲痛な叫びが見事に表現されていますね。

2017年新春号は「IoT」「VR」「AI」。最近は比較的よく見かけるようになりましたが、当時は？？？という感じでした。

「IoT」はInternet of Thingsの頭文字を取ったもの。あらゆるものがインターネットにつながることです。たとえば、冷蔵庫が食材の賞味期限を知らせてくれたり、メニューを提案してくれたり。

「VR」はバーチャルリアリティ、仮想現実です。ゲーム業界での活用が一番に浮かびますが、不動産業界では実際の物件を見なくても部屋の様子を体験できるサービスを提供しているようです。

「AI」は人工知能のこと。これもさまざまな業界で使われるようになってきましたね。金融業界では、利用者にぴったりの金融商品をAIが提案してくれます。求人業界においても、人と企業のマッチングにAIが使用されるなど、その活用範囲は無限大です。一方で人間の仕事がなくなる脅威もあります。

2017年春号は「働き方改革」。今まで見出しに出てきたことがなかったワードがいきなり登場してびっくりしました。働きすぎが原因で自殺した大手広告代理店の女性のニュースが話題になり、ほかの企業に大きな影響を与えたのだと思います。残業や休日出勤がなくても、きちんと生産性を上げられるような働き方改革が日本の企業に求められているのでしょう。そういった働き方を提案できるコンサルティング業が伸びてきたのもこの頃からです。

2017年夏号は「東南アジア」の文字をよく見ました。前号の春号では「ベトナム」という見出しもちょこちょこ出ていたのですが、夏号はやや範囲が広がった印象です。少子高齢化の日本では頭打ちの産業が多い中、これからますます成長していくであろう東南アジアに進出・投資する会社が多く見られます。

といったように、見出しを眺めるだけで世の中の大きな流れ、うねりが見えてきます。子育て中で気軽に外に出られない人でも、これからの日本の姿を想像する楽しみを感じられるでしょう。

四季報の見出しは、まさに世相を映す〝社会の窓〟なのです。

就職、転職にも役立つ情報満載！

会社の情報がギュッと凝縮されている四季報は、投資だけでなく、就職や転職の参考にもなります。

たとえば、美顔器の通販で人気のヤーマン。会社の名前を知らなくても、顔の上でコロコロ転がす美容ローラーといえば「あー、あれね」と思う女子は多いはず（わたしも持ってます）。

いまでこそ時価総額は５００億円近いですが、２０１６年8月時点では時価総額１２６億円ほどの小型株でした。このときの従業員数は１５５名、従業員の平均年齢は33・６歳、平均年収は５１３万円【図19】。ちなみに設立されたのが１９７８年なので、そこそこ歴史はありますが、その割には平均年齢が若いので、新陳代謝がよい会社なのかなと推測できます。もしくは離職率が高いのかもしれません。

四季報には比較会社というのが掲載されています【図20】。そこには美顔器を販売しているパナソニックの名があります。パナソニックの本社情報を見てみると従業員数は25万強【図21】。ヤーマンの1500倍以上の人数を有す大企業で、平均年収も270万円ほど差があります。平均年齢はパナソニックの方が10歳以上高くなりますので、定年退職まで勤め上げる人が多いのかなと想像できます。

従業員一人あたりどちらが稼いでるかを16年4月期の営業利益で比較してみます。ヤーマンは一人あたり約6600万円稼いでます【図22】。一方のパナソニックは一人あたり約162万円【図23】。なんとヤーマンの従業員の方が4倍も稼いでることになります。もしかしたらパナソニックは、高い

図19

【本社】135-0016東京都江東区東陽2-4-2
新宮ビル ☎03-5665-7330
【本店】135-0045東京都江東区古石場1-4-4

【従業員】〈16.4〉連155名 単155名(33.6歳) 年513万円
【証券】上東京 幹(日)三菱Uモル証(副)野村,日興,みずほ,SBI,髙木 名三井住友信 監あずさ
【銀行】三井住友,三菱U,商中,りそな,千葉
【仕入先】―
【販売先】QVCジャパン

図20

【業種】他個人サービス・製品
時価総額順位 20/91社
【比較会社】6752 パナソニク,
4924 シーズHD,2928 RIZAP

図21

【本社】571-8501大阪府門真市大字門真1006 ☎06-6908-1121
【渉外本部】港区東新橋1-5-1☎03-3437-1121
【生産拠点】草津,彦根,神戸,新潟,他

【従業員】〈16.9〉連256,133名 単…名(45.6歳) 年789万円
【証券】上東京,名古屋 幹野村,大和,日興,みずほ 名三井住友信 監あずさ
【銀行】三井住友
【仕入先】―
【販売先】―

図22

ヤーマン

【業績】(百万円)	売上高	営業利益
連14. 4	14,368	373
連15. 4	13,363	647
連16. 4	16,310	1,028
連17. 4予	20,000	3,000
連18. 4予	21,000	3,200
中15.10	8,363	618
中16.10予	10,700	2,320
四15. 5- 7	4,489	496
四16. 5- 7	5,564	1,107
会17. 4予	19,253	2,836

10.28億÷155人
＝約660万／1人

図23

パナソニック

【業績】(百万円)	売上高	営業利益
◎12. 3	7,846,216	43,725
◎13. 3	7,303,045	160,936
◎14. 3	7,736,541	305,114
◎15. 3	7,715,037	381,913
◎16. 3	7,553,717	415,709
◇17. 3予	7,200,000	245,000
◇18. 3予	7,400,000	260,000
中16. 9	3,495,491	144,627
中17. 9予	3,600,000	160,000
会17. 3予	7,200,000	245,000

4,157.09億÷256,133人
＝約162万／1人

年収が足かせになっているのかもしれません。

就職先として考えたときにどちらがよいかの判断は人それぞれだと思いますが、こんな風に四季報から見えてくることはたくさんあります。

キラリと光る見出しのセンスに思わずニヤリ

藤川セレクトベスト20

（2017年春号、夏号より）

四季報の見出しは本当によく考えられていて、毎回必ず「うまい！」と叫びたくなるものがあります。聞くところによると、発売後に編集部で見出しの品評会をやるそうですよ。それくらい記者のみなさんのこだわりがギュッとつまったおいしいところ。見逃す手はありません。

有無を言わせない感覚系

【ノリノリ】

時短志向でサンドイッチ市場が拡大し、食パン部門の受注が拡大。ミュージカル映画みたいに、従業員みんなで歌いながらパンを焼いてそう。

【ぐいぐい】

厳しい審査基準を満たして上場した会社についた見出し。怖いもの知らずで、勢いよく前に進んでいる感じですね。

【モテモテ】
出店の引き合いが多い様子。あっちを取るか、こっちを取るか、モテる会社はつらいなー。

本文と合わせて読むと味がある系

【そばがのびる】
そば・うどん店向けソフトの提供が延期。
「伸びる」と「延びる」ね。座布団一枚持ってきて！

【食った食った】
国内で縦型カップ麺の市場拡大を受け「クッタ」3月末投入。
「食った」と「クッタ」ね。座布団持ってってちゃって！

【ウハウハ】
見たまんま、売れて売れてしょうがないんでしょうね。

【東芝の名は】
ブランド委員会設置し、3〜5年メドに社名変更検討。
大ヒット映画のアレですよね？

【トマトが農業】
農と食の約160社が集う合同商談会開催。
これだけだと何のこと？ですが、実はこれトマト銀行の記事です。

そこはかとなく情緒が漂うしっとり系

【振らぬ先の傘】

旺盛な中古住宅需要に備えて、資金調達を事前に準備しているハウスメーカーの見出し。借金ですらこんな風に表現してもらえるのが四季報クオリティ。

【蜜月】

ただならぬネットリとした関係を想像させます。

【牙城に挑む】

セイコーが、高級腕時計の鉄板であるスイス時計に負けない高価格ブランドで勝負。強敵に向かう緊張感がヒシヒシと伝わります。

【遠い夜明け】

アコムのベトナム事業認可がまだまだ先になりそうで、こんな壮大な見出しがつきました。

そのまんまが潔いストレート系

【売れすぎ】

カゴメのトマトジュースが売れすぎなんですって。

【ケチ脱却】

配当を35～40％メドで安定配当することに。これからはケチと言わせません。

【まず使って】

無料でサービスを提供し、有料版へ移行を促すという手法。その通り「まず使って」ですね。

ひと言で情景が浮かぶなるほど系

【ガチンコ勝負】

先に発売したポーラのしわ改善クリームが大ヒット。それに真っ向から勝負の資生堂です。


【病み上がり】

国民生活センターからの水素水注意喚起でグダグダだった日本トリムが、打撃を引きずりつつも、他サービスでなんとか前進している様子です。


【話せるやつ】

自社で育成する技術者の会話力を強化し、話せる技術者として派遣。無口より話せるやつがよろしいようで。


【孝行息子】

伊藤園の子会社タリーズが、営業利益率10％超を維持しつつ出店拡大ですって。それは親孝行だわ。


【最高益街道】

四季報の数字を見る限り、この会社は6年連続最高益更新予想。「連続最高益」みたいな味気ない表現ではなく「最高益街道」とひとひねりしたところが四季報なんだな。

第5章

会社四季報で〝上がる〟株を見つけよう！

有望株をサクっと見つける三つのチェックポイント

会社四季報は約２０００ページあります。これを一字一句すべて読んでいると、読み終わるまでに果てしなく時間がかかります。実は**最初に目を通すポイントは、三つだけ**です。四季報では全銘柄同じフォーマットで紹介されているので、どこに何の情報があるのか探す必要がなく、比較的早く読めます。その三つのポイントだけ目を通すなら、一つの銘柄で10秒、全銘柄であればだいたい5時間くらいです。気になったものにふせんを貼り、ひと通り読み終えたら、ふせんをつけた株を精査して買うかどうか判断します。

1. 業績欄…93ページ【図17】のB

業績欄は、企業のこれまでの成績とこれからの成績予想を一覧でまとめたもの【図24】。一番左の列にある「連12・3」などの数字は業績の年月を示しています。12・3の場合は２０１２年3月決算の業績ということです。業績は上から本決算、中間決算（第２四半期決算）、第１・３四半期決算（ない場合もあり）、会社発表の業績予想の順で掲載されます。

数字の左側の「中」は中間決算、「四」は第１・３四半期決算、「会」は会社の予想、「連」「単」や「◇」などの記号は連結や単体といった決算形態を表しています。数字の右に「予」があるものはすべて予想の値です。

売上高、営業利益、経常（税前）利益、純利益、１株益、１株配とありますが、**最初に見るのは営業利益**です。営業利益は本業で得られる利益なので、ここが毎年伸びていて、未来の予想値もさらに伸びていれば、ひとまずＯＫと判断します。

図24

下に行くほど数字が大きくなっているか

【業績】(百万円)	売上高	営業利益	税前利益	純利益
連13. 3*	17,840	832	941	402
連14. 3*	23,910	1,127	1,303	2,698
連15. 3*	39,101	2,108	1,946	1,636
◇16. 3	53,937	3,159	2,806	1,587
◇17. 3	95,299	10,212	9,604	7,678
◇18. 3予	150,000	13,000	12,000	8,000
◇19. 3予	200,000	16,000	15,000	9,900
中16. 9	41,507	6,393	6,064	4,262
中17. 9予	69,000	4,000	3,560	2,270
会18. 3予	150,202	13,010	11,983	8,007

２．ＰＥＲ（株価収益率）…93ページ【図17】のＣ

ＰＥＲというのは株の割安さを測る一つの指標です。株で利益を取るためには、安いときに買って高くなったときに売らなければいけません。安いというのは、Ａ株とＢ株を比べて株価が安い方がよいということではなく、Ａ株ならＡ株の**実力に対して今の株価が安いかどうか**を考えます。

その株の実力に見合った株価がいくらなのか？　こ

れが簡単に分かれば株式投資は楽チンなのですが、なかなかそういうわけにはいきません。
そこで、**割安さの目安を簡易的に測る**のにこのＰＥＲを使うのです。

ＰＥＲは、株価を１株益（１株あたりの利益の大きさ）で割ったもので、単位は倍です。

ＰＥＲ（倍）＝株価÷１株益

だいたい世界の株の**平均ＰＥＲは15倍**といわれています。**１株益の15倍くらいの株価がついていれば実力に見合った株価**と考えられます。

たとえば、１株益が１００円だったときに、その15倍の１５００円くらいなら妥当な株価。10倍の１０００円だったら割安、20倍の２０００円だったら割高と評価します。

難しい話は置いておいて、そんな計算をいちいちしなくてもよいのが四季報のよいところです。ちゃんとＰＥＲがいくらかというのが記載されています【図25】。これが**15倍以下、できれば10倍以下ならかなり**

図25

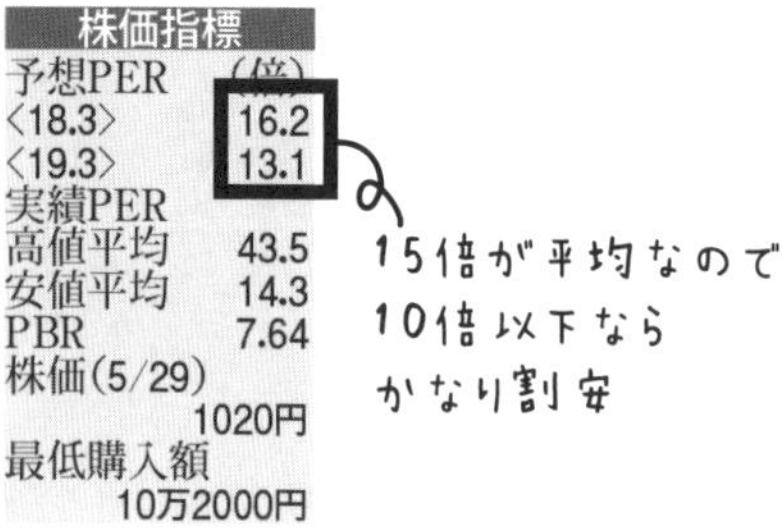

株価指標	
予想PER	(倍)
〈18.3〉	16.2
〈19.3〉	13.1
実績PER	
高値平均	43.5
安値平均	14.3
PBR	7.64
株価(5/29)	1020円
最低購入額	10万2000円

15倍が平均なので
10倍以下なら
かなり割安

割安と判断します。

株価は変動しますので、四季報発売から時間が経ってしまった場合は、そのときの株価を使って計算した方がよいですが、発売直後に見るときは誌面のＰＥＲで大丈夫です。

3. チャート

四季報には、過去3年間の株価のチャート（グラフ）が掲載されています【図26】。

このチャートが右肩上がりになっているかどうかを見ます。チャートが右肩上がりというのは、株価がどんどん上がってる状態です。なぜ上がるかというと、みんながこの株を欲しいからです。**みんなが欲しがる株は、これからも上がりやすい**という特徴があります。

上がっていると、この後は下がるんじゃないかと不安になりますが、ＰＥＲが低い株はその会社の実力にはまだ株価が届いていない場合が多いので、**上がってもさらにその実力値に見合った株価になるまで（もしくはそれ以上に）上がる傾向**があります。

図26

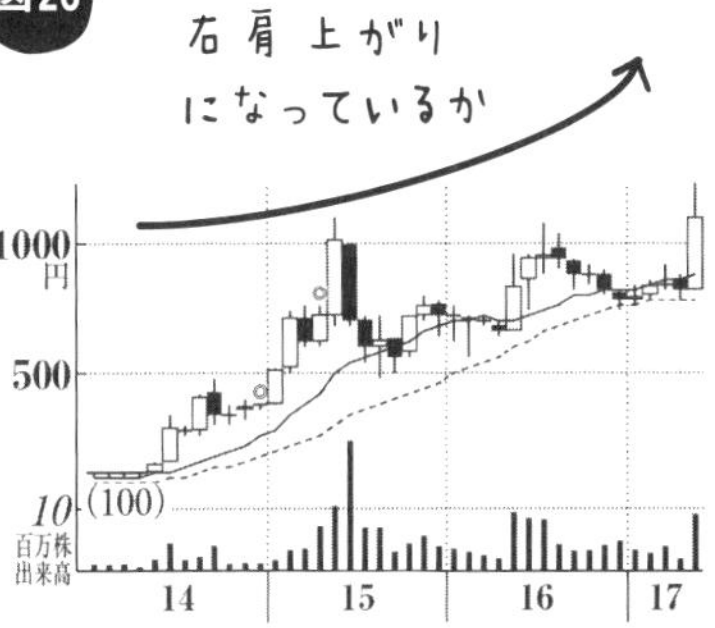

前号との比較でサプライズを発見しよう！

7年間、毎号欠かさず四季報を読んでいると、徐々に自分が目利きになってくるのを実感します。**読む時間が早くなり、上がる株を見つける確率も上昇。**そうなるとますます四季報の発売が楽しみになります。

なぜ目利きになるかというと、**続けて読むことで変化に気づく**からです。たとえば、ずっと業績が低迷していた株が回復基調になってきたとか、新しく始めたビジネスが軌道に乗ってきたとか。株が上がりやすい条件は**「業績がよい」「割安である」ことですが、ここに「サプライズ」が加わると一気に上昇率がアップ**します。このサプライズは、四季報を続けて見ることで発見できます。

チェックするポイントは三つ。すべて業績欄です。ここでは2016年春号&夏号の中村屋（2204）で見てみましょう。中村屋といえば〝中華まん〟が有名ですが、インドカレーの草分け的存在でもあります。

1. 前号に比べて予想値が上振れているか【図27】

前号よりも20％以上、数字が上振れていたらものすごく調子がよさそうだなと考えます。

2. 新しく掲載された来期の予想値が伸びているか【図28】

日本の企業は3月決算が多いので、新しい予想値は夏号が一番たくさん出てきます。そ

図27

春号

【業績】(百万円)	売上高	営業利益
連13. 3	40,375	452
連14. 3	41,575	461
連15. 3	41,592	767
連16. 3予	42,100	1,200
連17. 3予	44,000	1,550

夏号

【業績】(百万円)	売上高	営業利益
連12. 3	41,024	1,356
連13. 3	40,375	452
連14. 3	41,575	461
連15. 3	41,592	767
連16. 3	41,368	1,211
連17. 3*予	44,500	1,670
連18. 3*予	46,000	1,850

予想値が
大きく
なってる!!

図28

【業績】(百万円)	売上高	営業利益
連12. 3	41,024	1,356
連13. 3	40,375	452
連14. 3	41,575	461
連15. 3	41,592	767
連16. 3	41,368	1,211
連17. 3*予	44,500	1,670
連18. 3*予	46,000	1,850

新登場の数字が
前年より伸びてる!

ういう意味では、１年を通してもっとも注目度が高いのは夏号になります。

3. 会社の予想値に比べて、四季報が出した予想値の方が大きいか【図29】

四季報に掲載される予想値には、**会社が出す予想値と、四季報記者が出す予想値の二種類**あります。

会社が出す予想値は、その会社のことをよく知っている社内の人が出す数字なので、信憑性は高いはず。それ以上の数字を四季報サイドが出してくるということは、**よほどの自信がある**と考えられます。大きな数字を出して、間違っていたら読者からの風当たりも強くなりますので、それなりの覚悟の上で出す数字です。取材の過程で何か確証をつかんでいるのかもしれません。

会社の予想値は、弱気に出してくるところ、強気に出してくるところ、それぞれの会社によって傾向があります。その傾向を把握して

図29

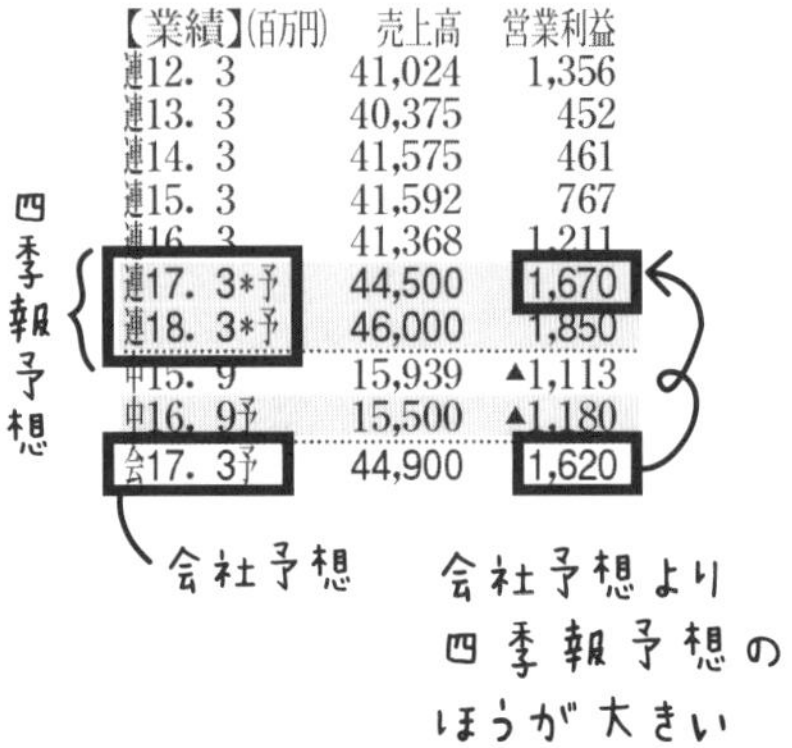

【業績】(百万円)	売上高	営業利益
連12. 3	41,024	1,356
連13. 3	40,375	452
連14. 3	41,575	461
連15. 3	41,592	767
連16. 3	41,368	1,211
連17. 3*予	44,500	1,670
連18. 3*予	46,000	1,850
中15. 9	15,939	▲1,113
中16. 9予	15,500	▲1,180
会17. 3予	44,900	1,620

いる四季報記者が、それを加味した上で四季報予想値を出し、結果的に四季報の予想値に実際の業績が着地することもよくあります。

四季報が予想した営業利益と会社が予想した営業利益に大きな差がある場合は、四季報の欄外にニコちゃんマークが現れます【図30】。ニコちゃんマークが笑顔なら四季報の方が強気、泣き顔なら四季報の方が弱気です。

図30

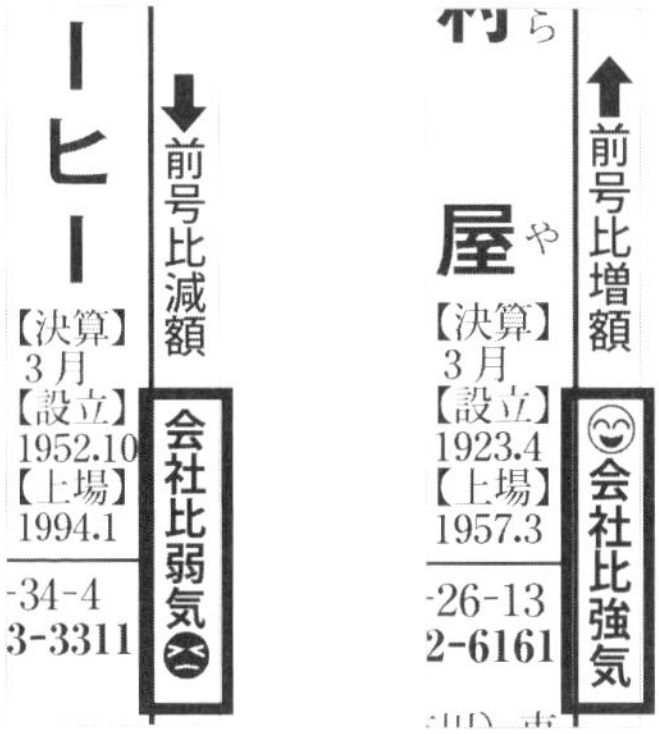

余談ですが、とある会社の株主総会に出席したときのこと。「四季報記者さんが高めの数値を出してきたのでプレッシャーです」と社長さんが苦笑していました。やはり企業サイドも、四季報の予想値というのは意識されているようです。

デビューしたての新入り銘柄に注目！

上場したばかりの会社が初めて四季報に登場するとワクワクします。前号と比較することができないので、すぐに買うことはあまりないのですが、ときどき「おっ！」とときめく銘柄に出会うことがあります。

たとえば2016年秋号でデビューしたリファインバース（6531）。業績記事欄にはこのように書かれています。

【特色】産業廃棄物処理と再生樹脂製造販売が柱、首都圏で展開。タイルカーペットの再資源化が強み。
【増益続く】産業廃棄物処理がホテル等の大型回収もあり好伸。
【再生拡大】使用済みタイルカーペットを分離し樹脂層を再生樹脂化。加えて繊維層でも再資源化技術を確立し、17年夏の稼働目処に新処理工場計画。

目を引いたのは、**タイルカーペットの再資源化が強み**というところです。**使用済みのタイルカーペットを分離し、樹脂層を再生樹脂化**と書かれています。リサイクル、リユース、エコロジーなど、資源を有効利用するというのは一つの流れですので、**なんかよさそう**というアンテナに引っかかりました。ただ、これだけの情報ではよく分からないので、リファインバースの公式サイトをチェックしたところ下記のように書かれていました。

「リサイクル業界では世界的にも類のない高度な精密加工技術を独自開発し、使用済みのタイルカーペットから合成樹脂素材を高効率で取り出すことに成功しました。再資源化率は実に『90％』に達し、将来的には『１００％』を見込んでいます。」

通常、タイルカーペットというのは、ほとんどが廃棄されているそうですが、それを将来的には１００％リサイクルするという心強いお言葉。さらに続けて、

「本来石油から作られる合成樹脂素材を、廃棄物から取り出して再資源化できる。つまり当社にとって、タイルカーペット廃材が多く集まる東京は油田そのもの。リファインバー

図31

【業績】(百万円)	売上高	営業利益	経常利益	純利益
連14. 6*	1,702	129	102	68
連15. 6*	1,809	179	149	70
連16. 6	2,120	267	247	164
連17. 6予	2,400	350	320	200
連18. 6予	2,700	430	400	240
中16.12予	1,100	150	140	90
会17. 6予	2,406	351	317	203

図32

株価指標	
予想PER	(倍)
〈17.6〉	16.7
〈18.6〉	13.9
実績PER	
高値平均	—
安値平均	—
PBR	10.12
株価(8/29)	2270円
最低購入額	22万7000円

スが〝都市での油田開発に成功した〟といわれるゆえんです。」

廃棄物産業についてまったく詳しくないわたしにとっても、この企業の技術がすばらしく画期的なものだと理解できます。

四季報に掲載されている業績を見てみると売上も営業利益も順調に伸びています【図31】。この時点でのPERは、進行中の17年6月期で16・7倍。18年6月期の来期予想ではPER13・9倍です【図32】。

これはまだまだこれから株価は上がるんじゃないかと判断し、四季報発売当日の2016年9月16日に、2410円で購入。その後、約1ヶ月で6000円まで上昇するという快挙を成し遂げました。

四季報だからこそ発見できるニッチトップな地味すご株

街ナカで投資のヒントを見つけることはよくありますが、四季報だからこそ見つけられる地味株もたくさんあります。株式投資を始めて一番驚いたのは、日本ではあまり目立っていないけど、世界に誇れるすばらしい力を持った企業がたくさんあるということです。

近年、日本の低迷を伝えるニュースなどを目にする機会も増え、世界の中での日本の地位はどんどん低下しているイメージを持っている人も多いのではないでしょうか？

四季報を読むと、そんなネガティブな印象は吹っ飛びます。日本人の技術力の高さに誇らしい気分にすらなります。「日本終わってる」と悲観的に考えている人こそ、ぜひ知って欲しい地味すご株をピックアップしてみました。

1．鈴茂器工（6405）

1955年創業の伝統ある企業で、世界で最初に寿司ロボットを開発。シェアの約6割を占めています。ごはんの扱いなら任せておけといった会社で、回転寿司やスーパーなどで使われる「小型シャリ玉ロボット」、小型のお寿司をラッピングまでしてくれる「小型包装寿司ロボット」、海苔巻きだっておまかせ「海苔巻きロボット」、おにぎりとお寿司を1台で作れる「お櫃型ロボット」、同じ分量のごはんをふっくら形よく盛りつける「シャリ弁ロボ」、ライスバーガーのライス部分を作るライスプレート成形機などなど。

ごはんは、潰れやすい上に粘りがあり、とても扱いにくい食材です。しかも日本人がごはんに求めるクオリティは高いので、外食や中食で口にするごはんがまずいと一気に評判を落とします。そんな日本人の聖域〝ごはん〟を扱うことをとことん極めた会社です。

最近は、外食産業の人手不足もあり、ますます現場での需要が高まっています。さらに海外での日本ブームも相まって、業績はじわりじわりと上昇中。株価もキレイに上昇中。しかも、鈴茂器工は財務が美しく、有利子負債*ゼロの無借金経営です。今のところ、海外売上は全体の20％程度ですが、これからどんどん増えていくのではないでしょうか。

2. レオン自動機（6272）

ごはんに対抗して、こちらはパンです。食パン、デニッシュ、クロワッサン、アンパン、カレーパン、ナン、パンケーキ、ツイストドーナツ、ジャムパン、ホットドック、プレッツェルなど、たいていのパンを作れるんじゃないかと思うくらい多種多様な製パン機を製造販売する会社。特に包む技術に優れており、あらゆる生地に対応した包あん機の製造を得意としています。一度、レオン自動機の公式サイトのトップ画面の動画を見てください。あんこがキレイに真ん中に包まれてる様子は、思わず「ほぉー」と感嘆の声が出てしまいますよ。

包む料理は世界各地にあります。中国ならシュウマイや小籠包、ロシアならピロシキ、イタリアならカルツォーネ。つまり世界中からニーズがあり、すでに海外売上が50％を超えるグローバル企業です。宇都宮に本社がある時価総額500億円に満たない小さな会社ですが、まさに世界に誇ってよいクールジャパン企業といえます。

3. エイジス（4659）

小売店への棚卸代行を日本で初めて実施し、現在国内シェア7割を誇るニッチトップ企業。海外で学んだ社長が、そのノウハウを日本で実現したとか。

＊有利子負債……銀行融資や社債発行など、利子を支払う義務がある負債のこと

棚卸は、ものすごく地味な作業ですが、小売業にとっては企業の経営を左右するほど重要な仕事です。棚卸資産＝在庫がダブつくと、大きくロスが出てしまいますし、逆に足りなくなると販売チャンスを逃します。あえて外注することで、客観的な判断ができ、効率よく企業活動が回るということがあるようです。

深夜にコンビニへ行くと店員さんが棚卸業務をしていて、レジがすっからかんのことがよくあります。それを代行することで、通常の営業に支障をなくし、サービス向上を望めます。似たような商品がたくさんあるコンビニの棚卸業務を素早く正確に実行するには高度な技術が必要で、専門技術を持たない店舗スタッフに求めるのは酷なことでした。そういったかゆいところをカバーしてくれるまさに小売業界の救世主です。

そのほかにも、図書館の蔵書点検や、大型物流倉庫の棚卸なども代行しています。それぞれのクライアントによって、棚卸する商品も違うし、場所や必要な数も異なります。一度、信頼関係を結ぶことができれば、ほかの業者にはスイッチしづらくなりますので、とてもスマートなビジネスモデルだと思います。

ただ、２０１６年3月に労働時間超過で、厚生労働省から注意を受けておりブラック企業!?と烙印を押される失態も。その後ただちに、社長を委員長とする社内プロジェクトを立ち上げ、労働時間管理の徹底や業務の効率化の取り組みを始めたとのこと。その辺りが、きちんと改善されているかどうかは、投資家として目を配っていきたいところです。

4. マニー（7730）

かわいい名前のこちらの企業、なんとなく柔らかな音の響きからおもちゃやお菓子を作っているようにイメージしてしまいますが、実は手術用の針で国内シェア1位の硬派な企業です。ほかにも眼科ナイフ、歯科用治療器で高シェアを誇る医療機器の優等生。

マニーはすでに海外売上高が75％のグローバル企業で、こちらもレオン自動機と同様、本社は宇都宮市にあります（宇都宮って餃子だけじゃなかったんですね）。ただし、生産拠点はベトナム、ミャンマー、ラオスにあり、コストを抑える工夫が感じられます。

この会社のおもしろいところは、はっきりとトレードオフ（やらないこと）を決めていること。1、医療機器以外は扱わない　2、世界一の品質以外は目指さない　3、寿命の短い製品は扱わない　4、ニッチ市場以外に参入しないの四つです。日本一ではなくて、世界一と宣言しているところが頼もしい。業績も着実に伸ばしており、四季報が出した17年8月期の営業利益予想は、会社予想よりも強気です。四季報記者も、マニーの成長に太鼓判を押しています。

5. ウェーブロックホールディングス（7940）

２００９年業績悪化により上場廃止になったものの、粘り強い根性を発揮し、２０１７年４月再上場を果たしました。そのため、四季報では２０１７年夏号から再デビューしています。

会社名からは、何をしているか想像がつきにくいですが、いろいろな素材を組み合わせるのがお仕事。会社のホームページによると「複合素材の加工メーカー」と呼ぶそうです。具体的には、壁紙、網戸の網、食品包装材、自動車部品、工事用資材など、さまざまな製品を扱っており、この中でも壁紙と網戸の網は業界トップです。

新しいものをゼロから作るのではなく、既存のものを組み合わせて新しいものを作るという「組み合わせ」が会社のコンセプト。素材に対する知識と独自の加工技術で、大手企業にも負けない付加価値を生み出しています。

特に注目されているのは金属調の加飾フィルムで、その名の通り金属のように見えるけど、金属ではないフィルムです。たとえば、光沢のあるスーツケースを思い浮かべてください。スーツケースの表面にこの加飾フィルムが使われています。腐食に強く軽いので、金属メッキの代替品として需要が伸びているようです。

自動車の世界では、自動車に近寄ったりドアノブに触れたりするだけで、自動車のオーナーを認識しドアロックを解除するスマートエントリーというキーレス化の技術が進んでいますが、このスマートエントリーに不可欠な電波は、金属を通さないという特性があります。そこで活躍を期待されているのがこの金属調加飾フィルムです。特に高級車では、デザイン性を損なわないために金属のドアノブが現状多く使用されています。これが、近い将来、金属調加飾フィルムに取って替わるかもしれません。そういう意味でも、今後の成長が楽しみな会社です。

四季報で見つけたわたしの掘り出し株

1．TOKYO BASE（3415）

日本ブランドに特化したセレクトショップと自社ブランドの製造販売を手がける会社。

おや？と目を引いたのは、2016年夏号の数字です【図33】。2017年2月期の予想値が、前号の春号に比べて上振れています。またここで初登場した2018年2月期の営業利益の予想値も、20%以上伸びています。チャートは上場後低迷していたところから、

図33

2016年春号

【業績】(百万円)	売上高	営業利益	経常利益	純利益
単14. 2*	3,085	498	497	306
単15. 2*	4,470	628	626	385
単16. 2*予	6,000	640	640	400
単17. 2予	7,500	900	900	580
中15. 8*	2,403	177	171	108
中16. 8予	3,000	280	280	170
四15. 3-11*	4,170	397	382	244
会16. 2予	5,976	641	640	396

UP!

2016年夏号

【業績】(百万円)	売上高	営業利益	経常利益	純利益
単14. 2*	3,085	498	497	306
単15. 2*	4,470	628	626	385
単16. 2*	6,089	660	647	432
単17. 2予	8,050	900	900	600
単18. 2予	9,200	1,100	1,100	720
中15. 8*	2,403	177	171	108
中16. 8予	3,200	280	280	170
会17. 2予	8,065	900	893	598

UP!

ピコッと飛び出したいい形です。

TOKYO BASEの特長は、ＥＣサイトでの販売比率が高いこと。人材教育にとても力を入れており、店舗ごとに仕入れから販売まで店長の裁量に任せられています。

メンズがメインですが、渋谷のパルコ（リニューアル開店に向けて、２０１７年8月現在一時閉店中）にレディースのショップが入っているので、偵察がてら覗いてみました。

わたしは洋服屋さんで接客されるのがあまり好きではなく、すごく愛想が悪いのですが、そんな声をかけづらいであろうわたしにさり気なく声をかけ、次第に何か買おうかなという気持ちにさせるすばらしい接客。まったく買うつもりがなかったのに、ついつい靴を買ってしまいました。

洋服屋さんの接客力は、売上に直接影響します。自分の目で確かめたことによって、この株に対する自信がつきました。この会社は伸びる！　実際にその後、授業の中でも事例として取り上げ、そこからの株価の上昇はすばらしかったです。

2. ユニバーサル園芸社（6061）

オフィスなどに観葉植物をレンタルする会社。この業界では最大手ですが、時価総額は約100億円（2017年8月現在）と小型株の中でも小さい部類に入ります。こういう時価総額の小さい会社は、普段の生活の中で出会うことはあまりありません。四季報だからこそ発見できるまさに掘り出し株といえるでしょう。

2012年4月の上場以来、業績はじわじわと伸びており、地味だけれどとっても優秀な会社です【図34】。何よりすばらしいのは、財務が盤石なこと。以前、社長さんのインタビューを拝見したところ、園芸屋さんというのは親方と弟子といった小さな家内制手工業的なスタイルが多く、入ってきたお金はその日のうちに使ってしまうようなどんぶり勘定が多いので、あえてそうならないように財務面を固めてきたそうです。このお金を使って、海外進出や生花の販売へと販路を拡げていく意向で、今後の成長も期待できる会社です。

図34

毎年伸びている

【業績】(百万円)	売上高	営業利益	経常利益	純利益
単14. 2*	3,085	498	497	306
単15. 2*	4,470	628	626	385
単16. 2*	6,089	660	647	432
単17. 2予	8,050	900	900	600
単18. 2予	9,200	1,100	1,100	720
中15. 8*	2,403	177	171	108
中16. 8予	3,200	280	280	170
会17. 2予	8,065	900	893	598

最初に買ったのは2014年で株価は1500円前後でした。その後、2016年10月には約3000円と購

入時の2倍に。ゆっくり時間をかけての上昇でしたが、安心して保有できるいい銘柄だったと思います。

3. 日本ライフライン（7575）

医療機器の輸入、自社製品の販売を行う会社です。医療業界にはまったくご縁がないし、この業界の株にはあまり興味がなかったのですが、2016年春号で、ふとページをめくる手が止まったのがこの銘柄です。業績の伸び、特に営業利益が16年3月期予想からぐんと伸びています【図35】。前号の新春号と比べても予想が上振れしていて、何かあったのかな？と疑問に感じました。

日本ライフラインのサイトを調べたところ、売上の構成比率がそれまで大きな割合を占めていた輸入販売から、自社製品の販売へと変化しています。営業利益が大きく上振れした理由はそこにありました。海外の医療機器は日本人の身体には大きすぎるという、現場

図35

UP!

【業績】(百万円)	売上高	営業利益	経常利益	純利益
連13. 3*	21,944	774	975	519
連14. 3*	24,371	1,219	1,336	▲202
連15. 3*	25,696	1,845	2,037	1,124
連16. 3予	29,300	3,000	3,040	2,330
連17. 3予	32,500	3,440	3,480	1,920
中15. 9*	13,959	1,315	1,291	1,386
中16. 9予	15,600	1,430	1,410	780
四14. 4-12*	18,859	1,365	1,486	743
四15. 4-12	21,699	2,565	2,565	2,157
会16. 3予	29,584	2,785	2,829	2,171

からの意見を吸い上げ、ニーズにあった商品を自社で作るといった経緯があったようです。

この変化に気づいて株を買ったとき（２０１６年３月）は、まだ時価総額３００億円未満でしたが、そこから株価がどんどん上がり、いつのまにか時価総額は１０００億円オーバーに。もはや小型株ではなくなり手放しましたが、３倍以上の利益を取ることができました。

図36　1億単位で伸びてる！

【業績】(百万円)	売上高	営業利益	経常利益	純利益
連13. 4＊	4,167	183	211	141
連14. 4＊	4,681	226	222	121
連15. 4＊	5,657	336	329	192
連16. 4予	6,350	460	430	270
連17. 4予	7,100	590	560	350
中15.10＊	2,839	145	132	58
中16.10予	3,000	200	200	100
会16. 4予	6,349	464	432	271

４．Hamee（３１３４）

最初、なんて読むの？と検索してしまいました。〝ハミー〟と読みます。上場したのが２０１５年４月なので、まだまだ若い会社なのですが、まずは数字の伸びが目を引きました【図36】。営業利益が毎年１億円単位で伸びています。今でこそ時価総額は約２６０億円ですが、47億円ちょっとだった当時、１億というのはインパクトある数字でした。

事業の中心は、スマホやタブレット向けアクセサリーと関連機器の販売ですが、おもしろいと思ったのはＥコマースを支援するシステムを展開していることです。一般的に商品をネットで販売する場合、自社サイト、楽天、Ａｍａｚｏｎなど、複数の窓口を用意することが多く、商品を管理発送する作業が煩雑になりがち。それをスッキリ一元管理できるシステムです。もともと自社のＥコマースをスムーズに行うために開発されたそうですが、その使い勝手がすばらしく、他社にも提供することにしたとか。

ネットでのお買い物は、年々増加する傾向にあります。国内だけでなく、越境ＥＣという国境を超えた売買も勢いよく伸びています。それらをスムーズに行うシステムは、まだまだ需要の伸びしろが大きいのではないでしょうか。

２０１６年５月の授業で事例研究として取り上げ、６００円程度だった株価は７月の終わりには１６００円を超える元気なパフォーマンスを見せてくれました。

5. ブルボン（2208）

おそらくたいての人の家に、何かしらあるのではないでしょうか、ブルボンのお菓子。ルマンド、バームロール、チョコリエール、アルフォート……。もちろんわが家にも常備されています。子どもの頃から長いおつき合いですが、不思議なことに投資対象として考えたことはありませんでした。

興味が湧いたのは、2016夏号からです。ブルボンは知名度が高いわりには、当時の時価総額は500億円以下と小ぶりな株でした。2014年3月期までは、売上、利益にそれほどの変化はないのですが、2015年以降、数字が勢いよく伸びています【図37】。特に営業利益は、15年3月期33億、16年3月期43億、17年3月期予想48億と毎年大幅に伸びています。これは、生産性の向上や、コスト低減など企業努力によるものです。

図37

加速

【業績】(百万円)	売上高	営業利益	経常利益	純利益
連12. 3	102,961	2,315	2,511	859
連13. 3	102,419	2,260	2,644	498
連14. 3	103,817	1,907	2,417	405
連15. 3	104,940	3,362	3,864	1,966
連16. 3	109,561	4,368	4,151	2,607
連17. 3予	115,000	4,800	4,900	3,600
連18. 3予	120,000	5,000	5,100	3,700
中15. 9	49,618	753	704	442
中16. 9予	50,500	900	950	1,000
会17. 3予	112,000	4,600	4,700	3,500

ブルボンの魅力は、ロングセラーの定番商品と、アイデアに富んだ新商品のバランスがよいところ。たとえば、定番商品の代表「ルマンド」は、発売から40年以上も愛されています。さらに、そのルマンドをアイスに進化させた「ルマンドアイス」が2016年に発売され、あまりの人気に供給が追いつかず、一部地域で販売休止になりました。東京で口に入れることはまず困難な状況。2016年の12月、東京駅内に2週間限定でオープンした

ブルボン初のアンテナショップにて発売されました。１日５００個限定発売で、一人につき１個まで。口に入れられた人は、かなりラッキーな人でしょう。
また、斬新なアイデアでファンが続出しているのが「スライス生チョコ」です。四季報のコメント欄にも好調と書かれていますが、ツイッターでも「おいしい！」「おもしろい！」とポジティブなツイートをたくさん見ました。要はスライスチーズのチョコ版と思ってください。パンに乗せて焼いたり、くるくる巻いたり、型抜きしたり、と自由自在に形を変えられるのが魅力。「何で今までなかったの？」と思うくらい便利でおいしいマルチスタイルな新タイプのチョコレートです。

２０１６年夏号発売直後１８００円台だった株価は、３ヶ月後の９月末には２５００円に上昇。今後も投資機会がないか、ブルボン商品に注目・期待しています。

6. アイケイ（2722）

もともとは生協向けのカタログがメインの通販会社で、取り立てて目を引く要素がないと思っていたのですが、変化に気づいたのは２０１７年春号の四季報です。一つ前の号である２０１７年新春号のチャートは８００円から１０００円の間を上下していましたが、

図38　いままでは800〜1000円の間で上下　ピョコっと飛び出た!

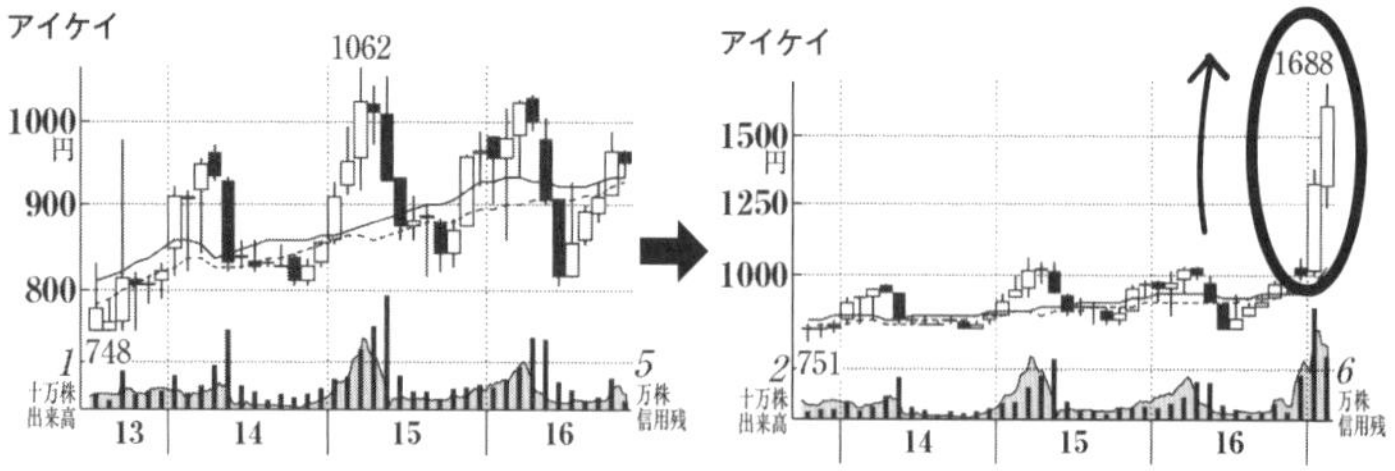

２０１７年春号ではグイーンと急上昇しています【図３８】。何があったの???

新春号と春号の記事欄を読み比べてみると、新春号では出てきていない「ＰＢ化粧品」という言葉が春号では２回も登場しています【図３９】。これか！とひらめくものがありました。先に紹介した日本ライフラインもそうですが、卸売の会社が自社製品を作り、それが軌道に乗り始めると営業利益率がぐんと上がります【図４０】。商品を仕入れて販売するより、自社で製造販売する方が効率がよいというのは、商売に疎いわたしでも想像がつきます。

アイケイが立ち上げたプライベート商品は、ＬＢというセルフメイクブランド。１０００円以下のリーズナブルな価格設定で、なおかつ「こんな色欲しかった！」というかゆい所に手が届く色揃えが魅力。特に「スマッシュジェルアイライナー」は某サイトの口コミランキング

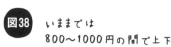

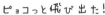

図39

【倍　増】ドラッグ店などへＰＢ化粧品の卸売り順調。柱の生協向けカタログ通販もＮＢ化粧品を支えに堅調。韓国化粧品店も採算改善。営業益倍増へ増額。18年５月期もＰＢ化粧品拡大。韓国化粧品店も増勢。
【力　点】韓国化粧品は不採算店閉鎖一巡、直営・ＦＣとも増勢へ。テレビ通販は腹筋トレーニング機器がロングセラーに。ＩＴではビジネス版ＬＩＮＥの拡販図る。

図40

営業利益率
16.5　1.4%
17.5予　3%
18.5予　3.2%
ぐんと上がってる!!

【業績】(百万円)	売上高	営業利益	経常利益	純利益
連12. 5*	11,677	329	329	202
連13. 5*	12,313	205	233	62
連14. 5	11,960	105	142	▲34
連15. 5	12,476	64	68	▲49
連16. 5	13,908	205	182	73
連17. 5予	14,900	450	450	300
連18. 5予	15,600	500	500	320
中16.11	7,071	211	209	153
中17.11予	7,400	230	230	160
会17. 5予	14,900	450	450	300

で１位を取るほどの人気だとか。さっそくわたしも使ってみたところ、たしかに使いやすい！　ついでにマスカラも使ってみたら、こちらも納得の使いやすさ。パンダ目にもなりません。

　国内では大手化粧品メーカーがシェアを独占し、新規参入がなかなか厳しいといわれている中、ＬＢはわずか4年で売上18億円を達成。さらにまだまだメイクアップ市場が未熟といわれるアジアに視野を向けているようです。

　会社が発表したリリース資料によると、ブログフォロワー２１５万人を抱えるインフルエンサー邵玉菲さんが、中国最大の美容展示会のブース内でライブ配信を展開。２時間で２００万人が視聴し大反響だった

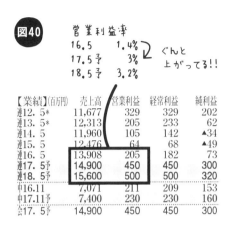

ようです。今の時代にマッチしたプロモーションが上手な会社だと思います。

2017年春号の発売後1700円近辺で買い、5月の終わりに4800円で売却。しっかり利益を取ることができましたので、上機嫌でマスカラをリピート買いしました。

ちなみにLBというブランド名は「Lady Bird」の略で、てんとう虫のこと。てんとう虫が肩に止まると幸せが訪れるという言い伝えがヨーロッパにあり、そこからLBを使ったすべての女性に幸せが訪れますようにという意味が込められているとか。どうかわたしにも幸せが訪れますように。

7. 正栄食品工業（8079）

自分が関心を持ち始めたものが株のヒントになることはよくあります。わたしのもっぱらの関心事は〝ダイエット〟。これは最近に限ったことではなく、人生のテーマとなるくらい、食べすぎた、飲みすぎた、のあとには必ず頭に浮かぶ単語です。わたしは運動をしていますので、健康を害するほど体重が増えることはないのですが、逆に言うと運動をしているわりに、体脂肪率が高く、お腹のお肉もなかなか立派です。

その原因は、甘いもの、特にチョコレートの食べすぎであることは自覚していますが、どうしてもやめられません。しかし、このままでは糖尿病を患う危険もあります。なんとか控えられないかと考えた結果、チョコレートの代わりにナッツ類をおやつにすることに。さっそくスーパーへナッツを買いに行くと、その充実ぶりにびっくり。こんなにナッツってあったっけ？　意識してみるとコンビニですら数多くのナッツ類を揃えています。それと同時に、ドライフルーツ関連の食品も多いことに気づきました。ナッツとドライフルーツがミックスされた商品などもあります。これはきているなと、投資家の勘がひらめきました。

そこから発見したのが正栄食品工業です。食品の場合は、袋に製造販売会社が記載されているので、ググればすぐに上場しているかどうか確認できます。上場しているのを確認して、まずは四季報オンラインで正栄食品工業のページを検索しました。会社プロフィールによると、パンや製菓材料となるドライフルーツ、ナッツ類が主力ですが、ナッツ小袋などリテール商品をスーパーに納入とありますので、こちらが伸びているんじゃないかと予想【図41】。

ちょうどこの原稿を書いている最中の２０１７年６月12日に、現在進行中の２０１７年

図41

8079　**正栄食品工業**　銘柄登録

【特色】製パン・製菓用材料等の食品商社。世界各地から原材料、製品輸入。国内、米国、中国に加工工場

【連結事業】乳製品・油脂類28、製菓原材料類17、乾果実・缶詰類39、菓子・リテール商品類16【海外】10 <16・10>

【会社プロフィール】独立系の食品素材商社。乳製品、チョコ、ドライフルーツ、ナッツなど製パン、製菓副材料が主力。国内販売主力で為替、農産物市況変動の影響を受ける。販売先は国内の製菓、製パン業者。業務用商品は全体の８割。自社輸入・加工品は６５％。ナッツ小袋などリテール商品をヨーカ堂などスーパーに納入。米カリフォルニアでプルーン、クルミの農園、加工工場を保有。中国・山東省、吉林省で果実加工事業を展開。中国は内需に加え欧州、アジア向けも拡大。(2017/04/28 更新)

図42

【会社業績修正】上方3　下方0
経常益÷期初会社予想 1.2倍
【格付】—

10月期の中間期の業績予想の修正が発表され、営業利益予想は48億から53億へ10％以上の増加！　増益の理由は、健康志向に適合したナッツ類や菓子・リテール商品の売上増による工場稼働率の上昇などとリリースに書かれています。まさに予想的中！です。さらに、10月末の本決算の業績予想も当初の予定を上回る見込みですと、期待させる文章が。

２０１７年夏号の四季報によると過去2期分の決算で、上方修正を3回もしていますので、今期もさらに上方修正してくる可能性は大とにらんでいます【図42】。

チャートを見ると、２０１６年後半から美しい右肩上がりで、なんとも頼もしい形【図43】。世の中の健康志向はますます高まるでしょうし、わたしのようなダイエッターによるナッツ&

図43　正栄食品工業

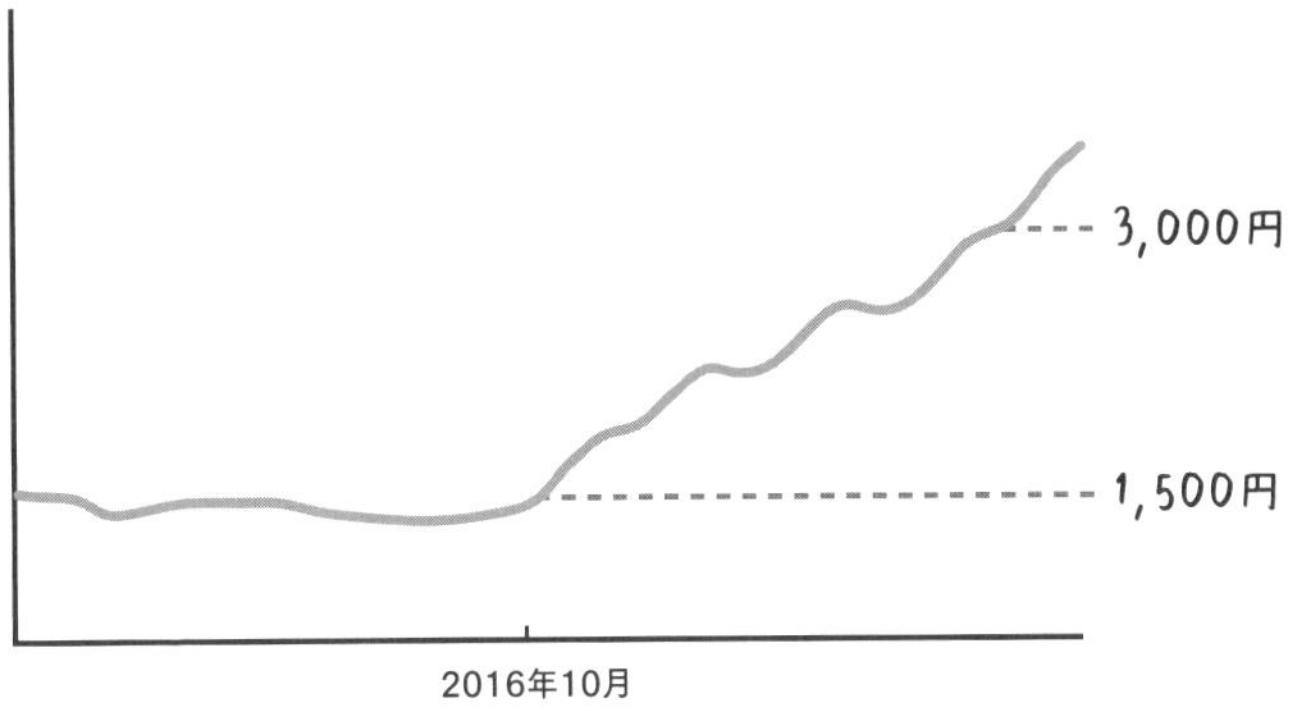

ドライフルーツ需要はこれからも堅調であることは間違いありません。

8. エスプール（2471）

２０１７年の一つのテーマとして「働き方改革」というのがあります。四季報でも２０１７年春号の見出しで頻出したことはすでに紹介した通りです。そもそも過酷な労働が強いられていた原因は人手不足にあります。特に物流業界においては大問題で、ヤマト運輸がＡｍａｚｏｎとの取引から撤退したニュースは大きな話題となりました。

エスプールは、まさに旬のテーマである「人材」と「物流」を取り扱う会社です。

柱の一つは、人材アウトソーシング。コー

図44 エスプール

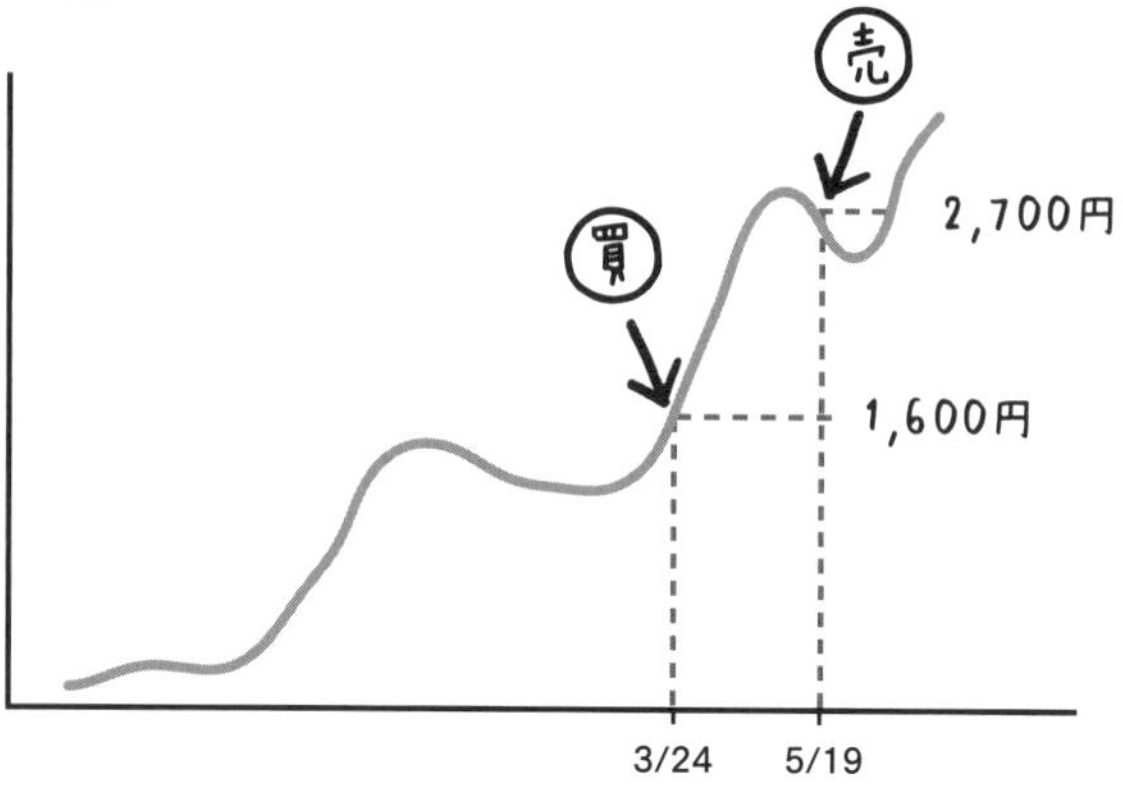

ルセンターなどへの人材派遣や、スマートフォンの店頭販売支援を行っています。管理者とスタッフをチームで派遣することで成果をあげているようです。

二つめの柱は、ネット通販の発送代行。ネット通販の拡大は勢いを増しており、とどまるところを知りません。エスプールの強みは、起業したばかりの中小企業の物流を支援し、大手と争わない姿勢を貫いているところです。また、化粧品や健康食品などリピート率が高い商品を扱う会社と組んでいるのも、なかなかスマートです。

三つめの柱は、障がい者支援。わたしが一番注目したのがこのサービスです。というのも、障がい者雇用促進法で企業の法定雇用率は、現行の2%から2・4%に引き上げられる予定です。従業員50名以上の会社には義務化されますが、現状、達成できている会社は50％にも達成していないそう。つまりこれから障がい者の雇用は、必然的に伸びるというわけです。エスプールのすばらしいところは、自前で農園を開設し、働く場所と人材の両方を企業に提供できるところです。これは他社ではなかなか真似できないのではないでしょうか？

四季報の２０１７年春号の発売後、１６００円で買い、次の夏号発売前に２７００円で売ってしまったのですが【図44】、夏号の記事欄にちょっと気になる一文が【図45】。向かうところ敵なしの**米アマゾン向け納品代行サービス開始**ですと!?

まだまだ時価総額が１００億ほどの小さな会社ですので、これからの成長は十分期待できます。タイミングを見て買い戻しを検討中の要注目銘柄です。

図45

【堅　調】物流支援の回復鈍いが、人材派遣がコールセンター向け軸に増勢。販売支援好調。農園販売は受注済み案件多く、利用料着実増。法改正に伴う保険料や人件費負担増吸収。連続営業増益。税平常化。増配。
【海外物流】4月、米アマゾン向け納品代行サービス開始し通販取引先が急増中。ＤＨＬの輸送網使い越境ＥＣにも対応。スマートメーター関連はガス企業から初受注。

四季報編集長と対談！
会社四季報のちょっとイイ話

わたしが株式投資にこんなにハマってしまったのは、間違いなく四季報があったからです。もしこのツールがなかったら、これほどまで好きになることはなかったし、ましてや株の講師になったり、本を書いたりすることはなかったでしょう。

それほどわたしの人生に影響を与えた四季報です。どんな人が作っているのか、中の人に会ってみたいというのは長年の夢でした。それがまさに実現したのです。しかも一番えらい人、そう！　編集長にご対面です！　四季報ラバーとしてこれほど光栄なことはありません。

わたしが一番聞きたかったのは「株を買いたくなりませんか？」ということ。あれほどまでに有益な投資情報を提供している四季報ですが、記者さんは株を買えません。それについてモヤモヤしないのか心の内を知りたかったのです。

お話を伺った現編集長の石川正樹氏は、新卒入社から一貫して四季報に携わり、2017年夏号でちょうど108冊目だそうです。「煩悩の数だけ書いていると、そんな欲はなくなります」

煩悩だらけのわたしには痛いお言葉。

上がる株を見つけるよりも、四季報独自の予想値が的中したり、記事欄に書いた通りに会社が向かっていくことによろこびを感じるそうです。四季報の予想値は、わたしたち個人投資家にとって最も頼りになるヒント。そこには自分たちの足で得た情報に対する力強い自信が込められているんだと改めて感じました。

四季報は、約130人ほどの記者で作られており、一人30〜50社ほどを担当するそうです。当然、自分の得意分野を受け持つのかと思ったら、2、3年でクルクル担当替えするとのこと。会社サイドと仲がよくなりすぎると客観的な判断ができなくなるためだとか。ストイックな姿勢にウットリです。

四季報の記事欄は、業績に関する内容なのでセンシティブにならざるを得ません。たとえば「増配か」にするか「増配も」にするか「増配へ」にするか、その微妙な言い回しをめぐって、延々と討論することも。そのマニアックなこだわり、四季報ラバーの期待を裏切りません。

また、文字数の限られた短い文章の中にもチラリと記者の想いがにじみ出ます。各記者の個性を受け入れつつ、歴史ある刊行物として恥ずかしくない品質をキープする、その辺りのバランスには相当気を使っていて、編集部内でもかなりもみ合うそうです。

そういえば石川編集長も、ヒラ記者時代は四字熟語の見出しにこだわっていて、いつも四字熟語辞典を持ち歩いていたとか。そういうオタク気質の記者たちで、あのすばらしいクオリティが保たれているんでしょうね。

80年もの長期にわたって投資家から愛されている四季報は、威厳を保ちながらも、常に変化しています。たとえば、2017年夏号では、会社が業績の予想を修正した回数がつけ加えられました。それによって会社が強気なのか弱気なのか、予想数値の傾向が分かります。憎いほどかゆいところに手が届く！　ほんと好き。

『最も強い者が生き残るのではなく、最も賢い者が生き延びるでもない。唯一生き残るのは、変化できる者である』

編集長のお話を聞いたあと、かの有名なダーウィンの名言が思い浮かびました。四季報はきっとこれからも変化しながら、100年先、200年先と、時代を超えて個人投資家のバイブルであり続けるでしょう。

第6章

「いつ買うの？」「いつ売るの？」はチャートに聞こう！

チャートの動きは、人の気持ちそのもの

数字が苦手な方の多くは、チャートと聞くだけで「ムリっ！」とそっぽを向きがちですが、それだとせっかくよい株を見つけても利益が取れないかもしれません。なぜなら、どんないい株も安いときに買って高いときに売るという〝タイミング〟が重要だからです。その買ったり売ったりのタイミングは、チャートが教えてくれます。**チャートの見方を知っていれば投資の成績がグンとアップ**しますので、ますます株が好きになるでしょう。

チャートと聞くとなじみがなくてとっつきにくい印象ですが、要は過去の株価の動きを表したグラフです。小学校で習ったグラフの読み方が理解できていれば問題なく読めます。ただちょっとだけそこに独特のルールがあります。それについては追って解説するとして、まずざっくりと感じて欲しいのは、チャートの形は人の気持ちそのものということです。

チャートが上にぐんぐん上がっているときは、もっと上がるもっと上がる！　欲しい欲しい！　とみんなが思っているときで、逆に急降下するときは、こんなくず株いらない！　早

図46

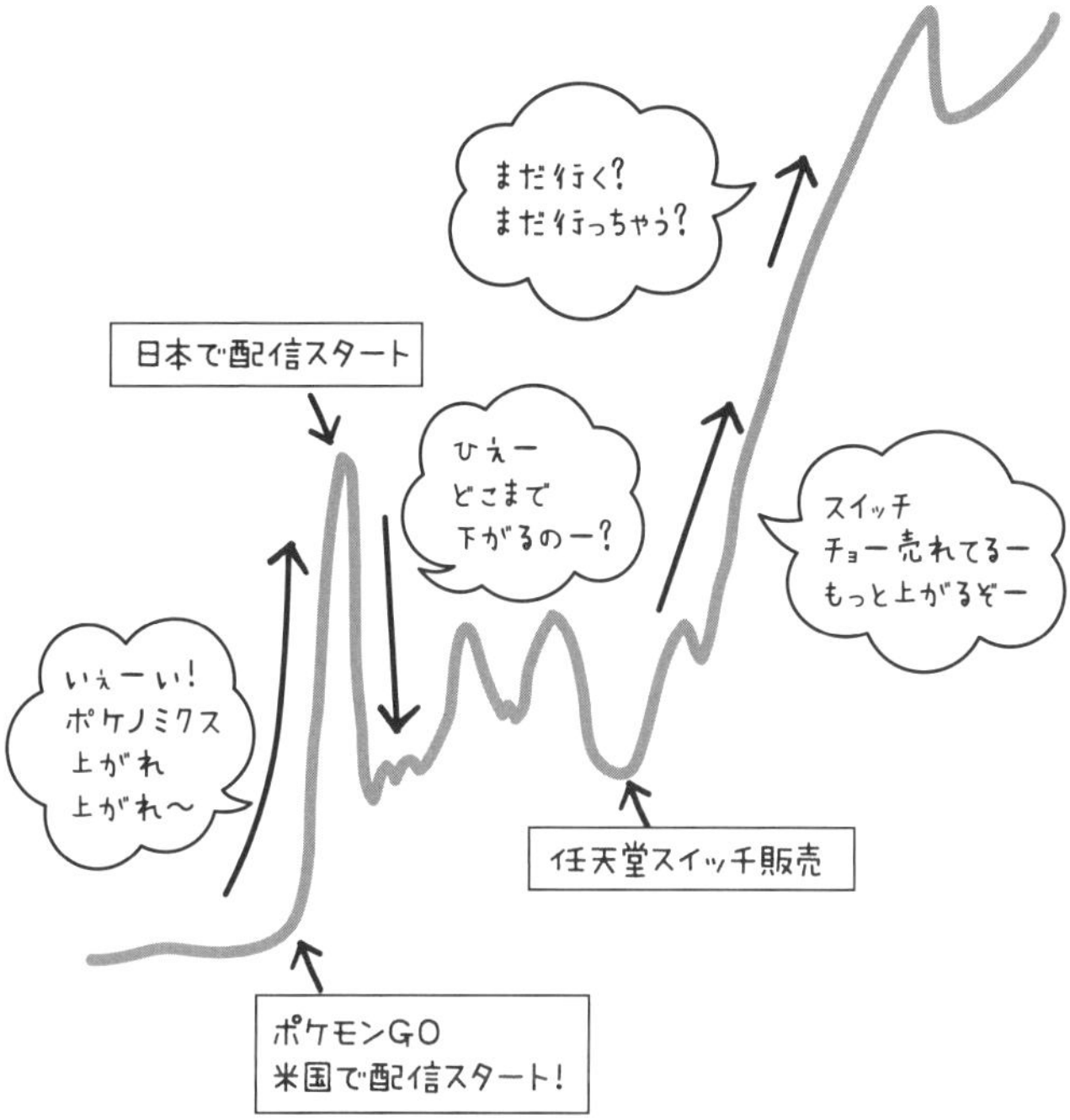
まだ行く？
まだ行っちゃう？
日本で配信スタート
ひえー
どこまで
下がるのー？
スイッチ
チョー売れてるー
もっと上がるぞー
いぇーい！
ポケノミクス
上がれ
上がれ～
任天堂スイッチ販売
ポケモンGO
米国で配信スタート！

く売りたい早く売りたい！　と思っているときです。

【図46】は任天堂の2016年4月から2017年8月までのチャートです。上にいけばいくほど株価の値上がりを表しています。

チャートを見ずに値動きの激しい株を買うのは、暗闇の中で急上昇・急降下の大絶叫マシーンに乗るようなものです。人生に刺激を求める人にはたまらないと思いますが、普通の精神力だとなかなかキツイものがあります。どこまで上がるのか、いつから落ちるのか、何の手がかりもなしにただただ翻弄されて疲れ果ててしまうことでしょう。

逆に、チャートのサインを読むことができれば、どこで買ってどこで売ればよいか、ある程度タイミングを計ることができます。もちろんチャートが読めてもタイミングを間違えることはありますが、それでも知らないよりは断然有利です。

これだけ知っていれば大丈夫！チャートの基本の〝き〟その1

チャートを見て株価の動きを予想することを「テクニカル分析」と呼びます。何となくプロっぽい言葉ですが、基本の〝き〟さえ分かっていれば十分。難しいテクニックをたくさん覚えてもかえって混乱してしまいます。基本のテクニックをしっかり身につけて、自分のモノにしてしまえば必ず結果はついてきます。

さきほどの任天堂のチャートを拡大して見てみると、上下から線が飛び出した四角形がたくさん見えます【図47】。この一つひとつの四角形を**「ロウソク足《あし》」**と呼びます。ロウソク足は、江戸時代の米相場を見るために使われたのが最初で、日本人の誇るべき発明といえます。なぜなら、このシンプルな四角形で、必要な情報をすべて表現できているからです。その使い勝手のよさから、今では世界各国で認められ使用されています。

このロウソク足を見るだけでも、なんとなく感じるものがあります。

図47

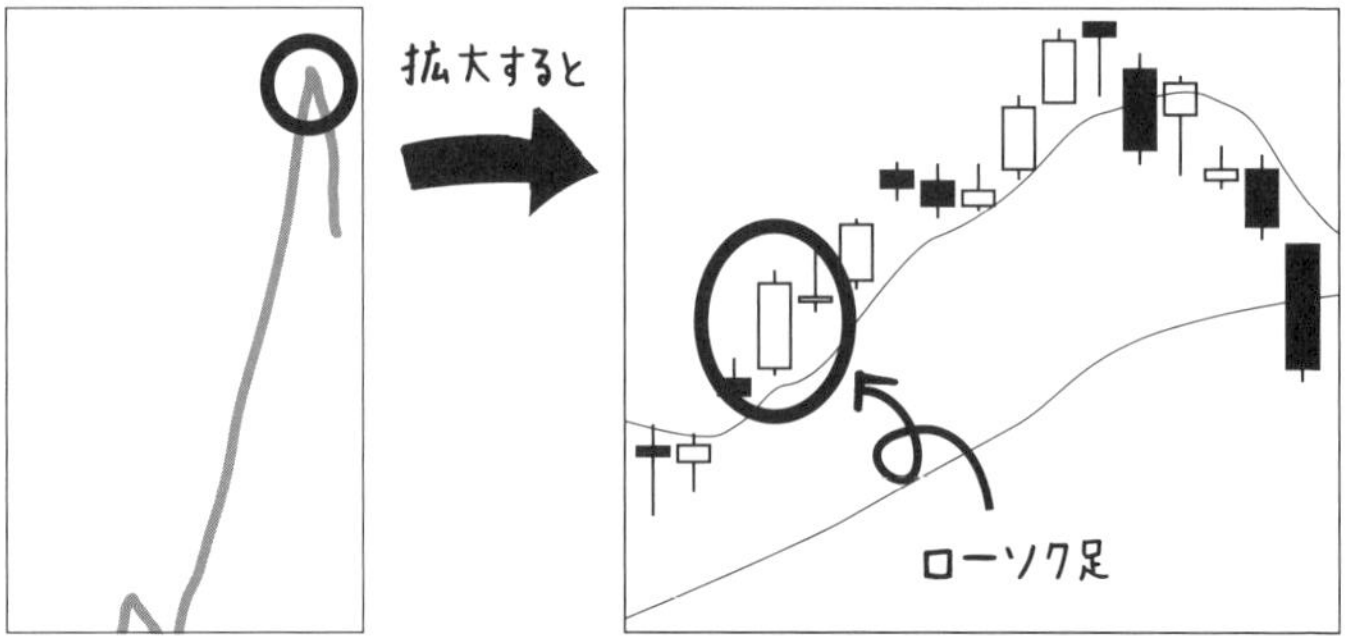

図48

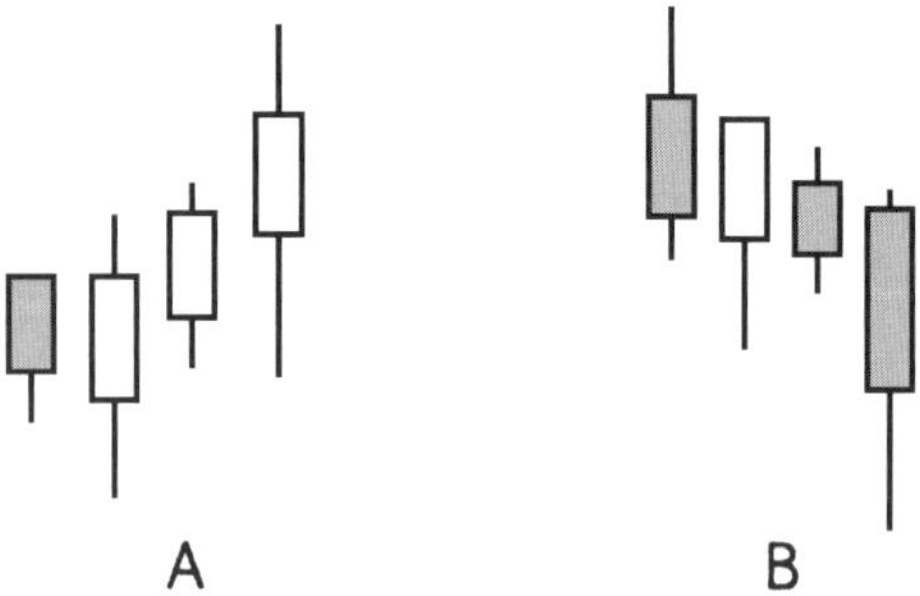

たとえば【図48】のAとBではどちらを買いたくなりますか？　おそらくたいていの人がAに惹かれると思います。中が塗りつぶされていない方が白星（勝ち）で、塗りつぶされていると黒星（負け）のような印象を受けますよね。その印象で正解です。

中が塗りつぶされていないロウソク足を**「陽線」**と呼び、始まったときより終わったときの方が株価が高かったことを意味しています【図49】。

一方、中が塗りつぶされているロウソク足を**「陰線」**と呼び、始まったときより終わったときの方が株価が低かったことを示します【図50】。

1日の株価の動きを表したロウソク足を日足《ひあし》、1週間の動きは週足《しゅうあし》、1ヶ月の動きは月足《つきあし》と呼びます。

チャート上に陽線が多いと楽観的な気分になって買う人が増えますし、陰線が多いと悲観的な気分になって売る人が増えます。

ロウソク足の上下に伸びている線をヒゲと呼びます。なんとこのヒゲの形でも、これから株価がどう動くのか予想することができます【図51】。

上に大きくヒゲが伸びているロウソク足は、途中で株価が大きく上昇後、大きく下落し

図49

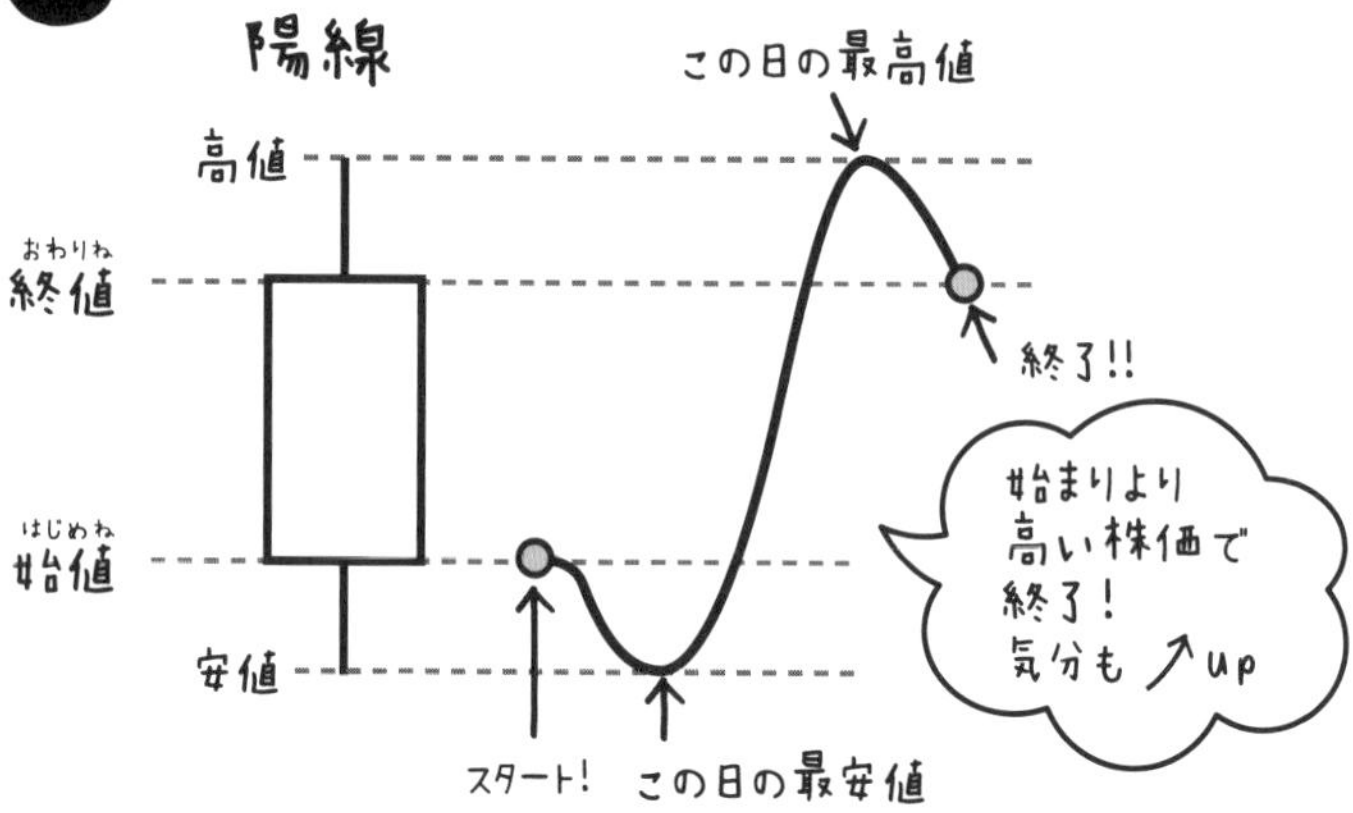
陽線
高値
終値《おわりね》
始値《はじめね》
安値
この日の最高値
終了!!
始まりより
高い株価で
終了!
気分も ↗up
スタート!
この日の最安値

図50

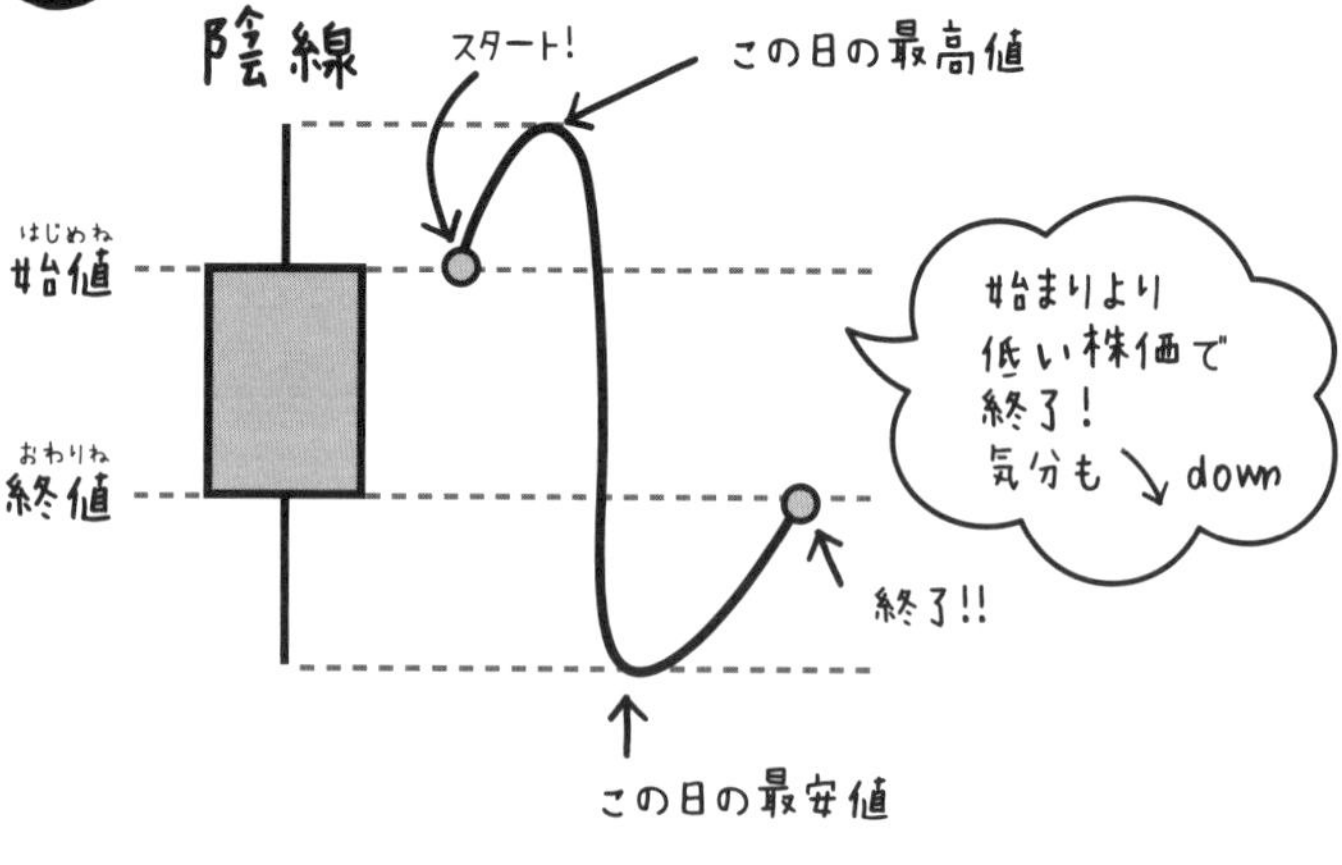
陰線
スタート!
この日の最高値
始値《はじめね》
終値《おわりね》
始まりより
低い株価で
終了!
気分も ↘down
終了!!
この日の最安値

図51

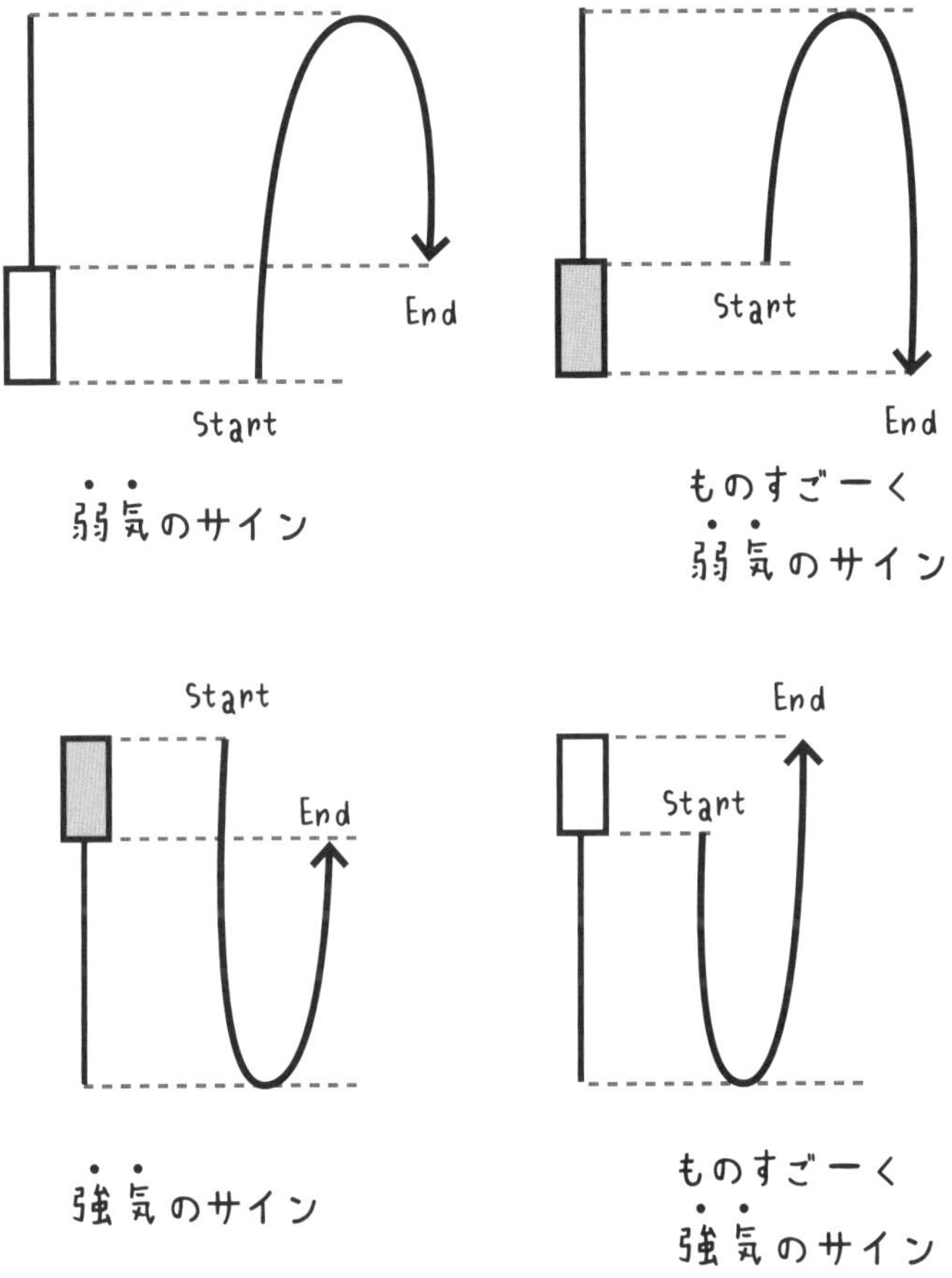
Start
End
弱気のサイン
Start
End
ものすご〜く
弱気のサイン
Start
End
強気のサイン
End
Start
ものすご〜く
強気のサイン

たことを意味します。つまり売りたい気持ちが買いたい気持ちより強いということ。これはこの株に対してみんながダメなんじゃないかと弱気になっているサインです。特に陰線で長ーい上ヒゲが出たら、弱気も弱気、次の日は売られて下がることが多いです。

反対に、下に大きくヒゲが伸びているロウソク足は途中で大きく下げて、その後大きく上がったことを意味します。つまり買いたいパワーが売りたいパワーより強いということ。これはこの株に対してみんながイケる！と強気になっているサインです。特に、陽線で長ーい下ヒゲが出たら、強気も強気、次の日は買われて上がることが多いです。

これだけ知っていれば大丈夫！チャートの基本の〝き〟その２

チャートにはロウソク足のほかに、なだからな曲線が描かれています。これを**「移動平均線」**と呼び、たいてい２本（または３本）添えられています【図52】。

この２本は、日足なら５日と25日、週足なら13週と26週、月足なら９ヶ月と24ヶ月が描かれているのが定番です。

移動平均線は、過去の株価の平均値をつなげたもので、たとえば５日移動平均線なら過去５日の株価の平均値を結んでいます。平均値？なんて聞くと数学オンチさんは嫌悪感を抱くかもしれませんが、**株価の方向性（トレンド）をざっくり見るもの**と思ってください【図53】。

第５章でも触れましたが、株はどんどん上がっている上昇トレンドのときに、より上がりやすくなるという特徴を持っています。当然、上昇トレンドに乗っかる方が利益は取りやすくなります。

図52

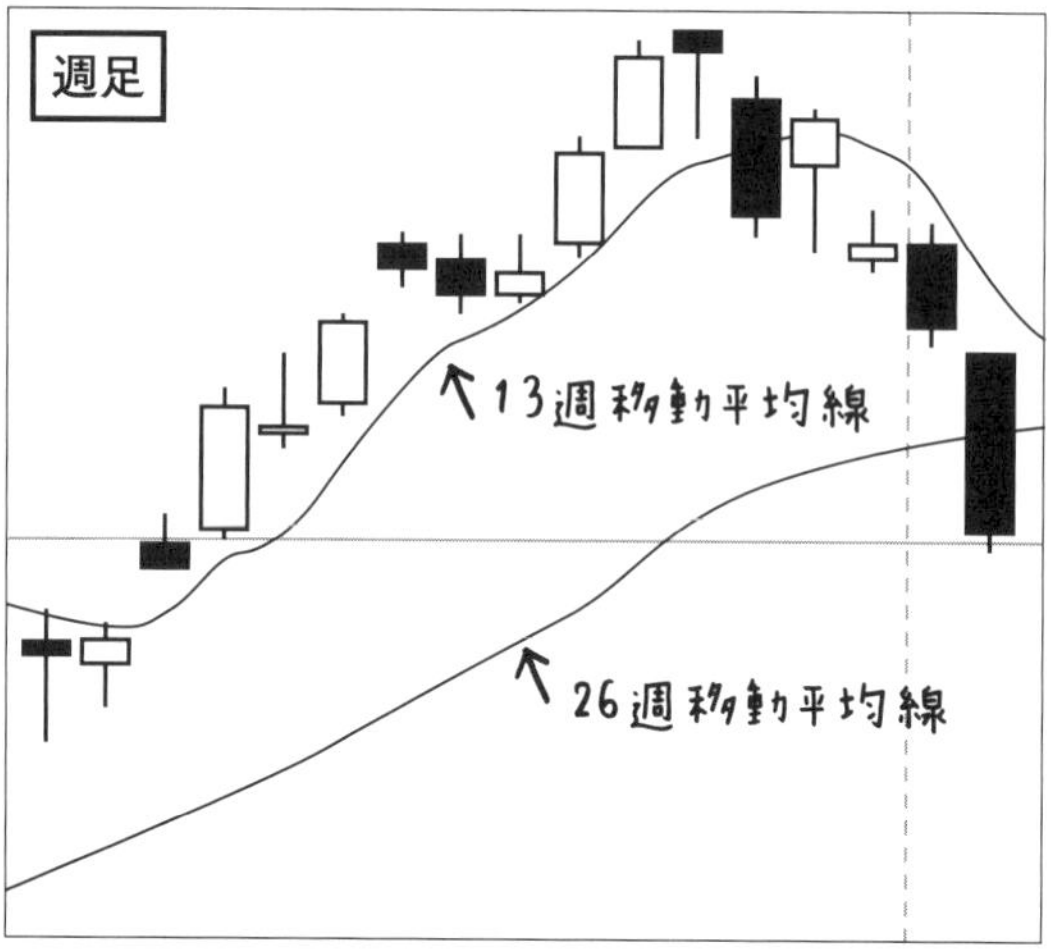

逆に、下降トレンドが続いているときは、いくら業績がよい株でも避けた方が無難です。チャートはおもしろいもので、見えていない何かを織り込むことがあります。下がっているときは何か下がる理由があるのだと思い、買うのは少し待つ、持っている場合は素直に売る、というのが鉄則です。

ちなみに本書で紹介するシンプル投資では、週足のチャートを見るのがおすすめです。もちろん日足、月足のチャートも使い分けできればベターですが、欲張りすぎると混乱します。興味がある方は、改めてテクニカル分析の勉強をされるとおもしろいと思いますよ。

図53

上に乗っている！

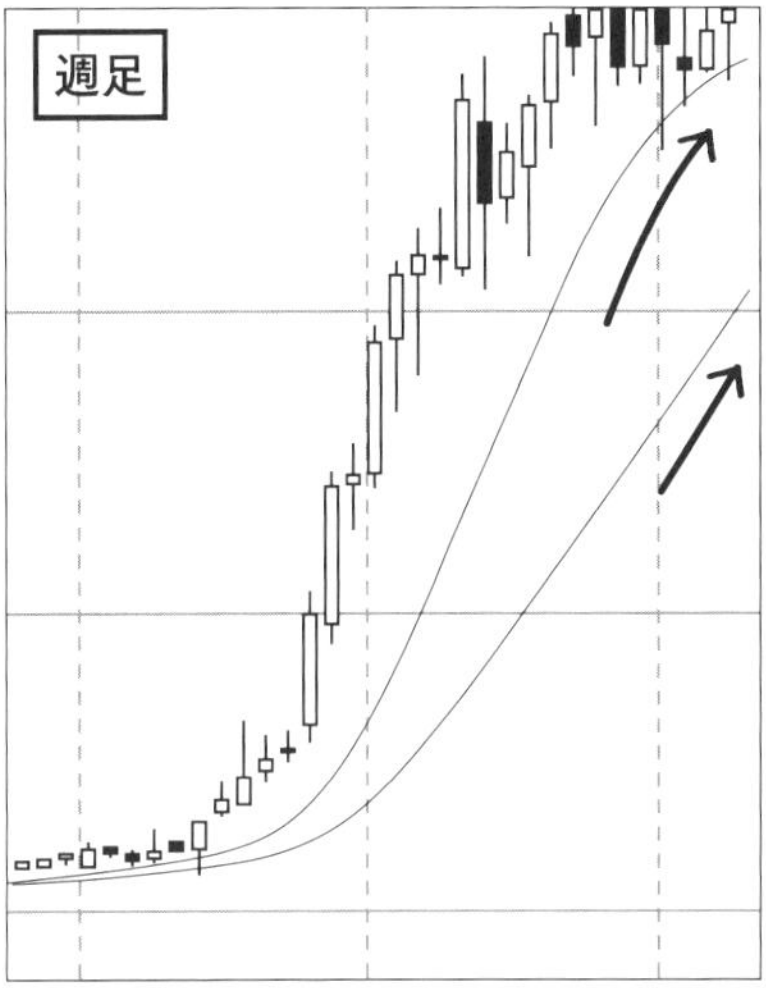

〈上昇トレンド〉
移動平均線が
2本とも上を向いている
and
ロウソク足が
移動平均線の上

まだまだ上がりやすい

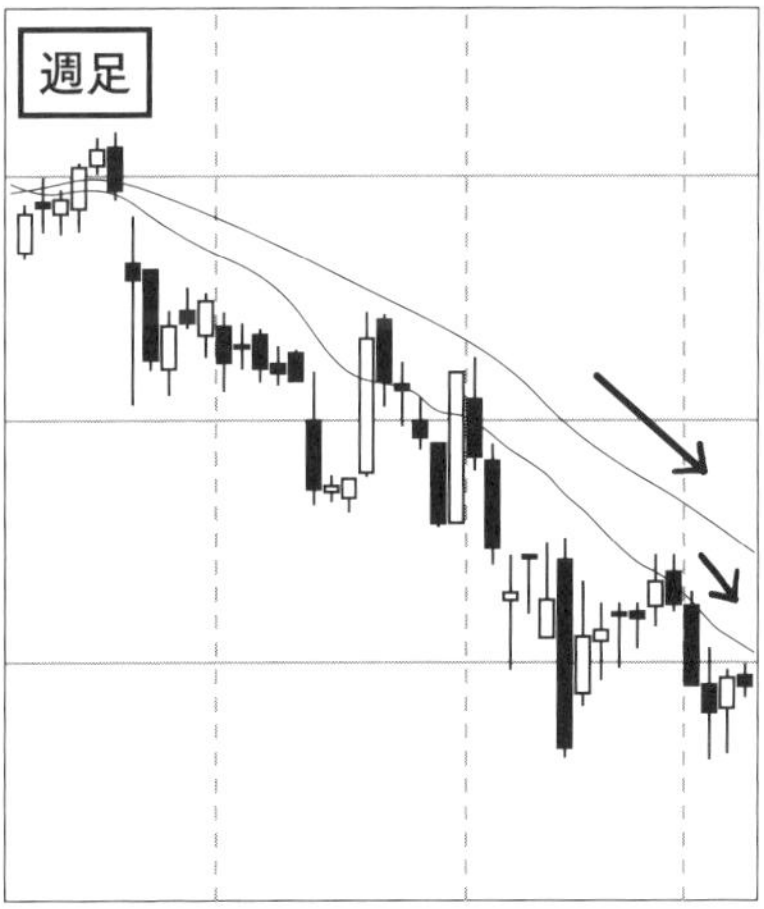

〈下降トレンド〉
移動平均線が
2本とも下を向いている
and
ロウソク足が
移動平均線の下

まだまだ下がりやすい

下にもぐっている！

いつ買うの？ いつ売るの？ どのくらいの間持っているの？

日々の売買の中でも、「買うのが早すぎた」「買うのが遅すぎた」「売るのが早すぎた」「売るのが遅すぎた」と後悔することは多いのですが、チャートのサインに従っていれば、比較的タイミングよく買ったり売ったりすることができます。

上昇トレンドのチャートを見ると、一本調子で上がるのではなく、上昇途中でも一時的に下がって、また上がってを繰り返しています。たいてい移動平均線から離れすぎると株価は下がり、移動平均線にぶつかると株価は反発*します。その**移動平均線にぶつかる付近で買うことを〝上昇トレンドの押し目買い〟**といいます【図54】。**押し目でとらえられれば、かなりの確率で利益を取ることができます。**まさに鉄板の買いタイミング。

***反発**……下落している状態から一転して上昇するということ

図54

上昇トレンドの押し目買い

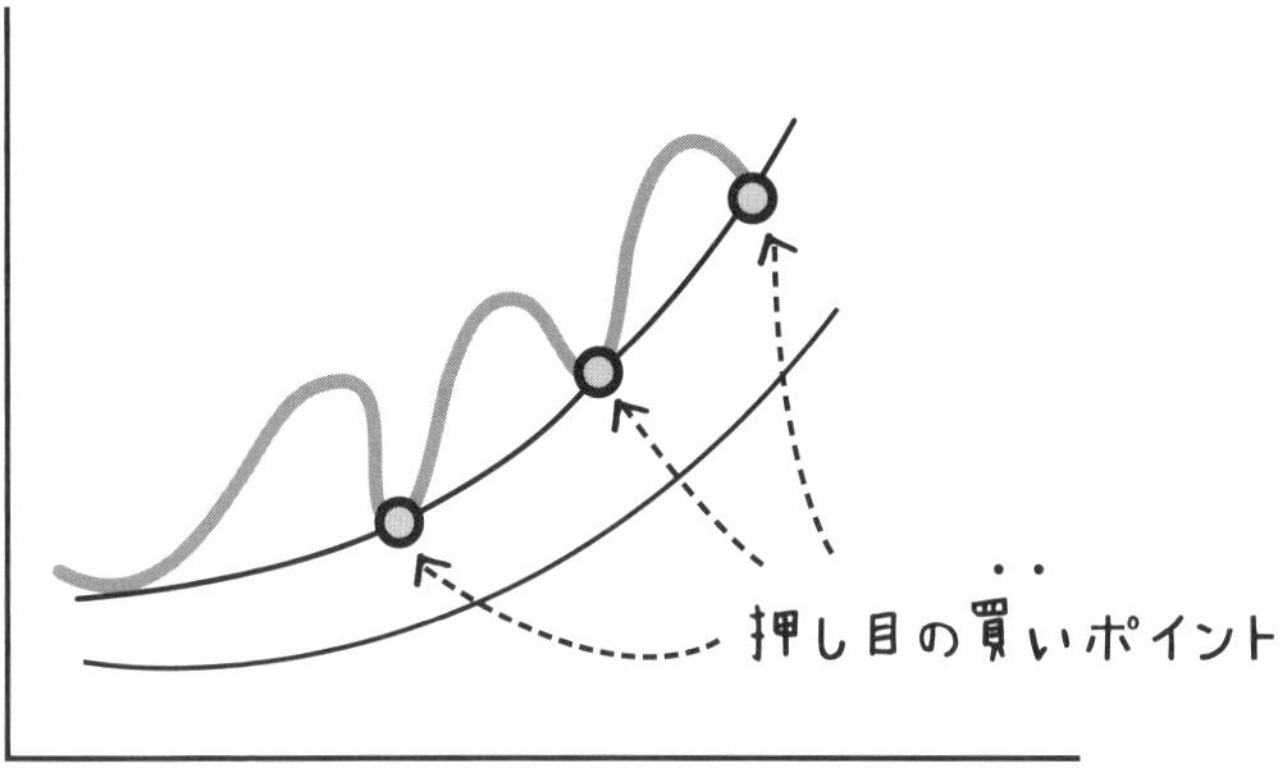

押し目に該当するあたりまで下がってくるのを待っていればよいだけなので判断するのは簡単ですが、せっかちさんだと待てないかもしれません。上がっている株は、今買わないともっと上がるんじゃないかと焦る気持ちに負けちゃうのです。

もちろん移動平均線まで下がってこないですぐに上がってしまう株もあります。そういう株はおとなしく押し目を待っていると買いそびれるわけですが、買わなかった株では損はしません。逆に移動平均線から離れすぎた高いところで買ってしまうと損するリスクは高まります。〝待つ〟というのも株上手になるための大事なスキルなのです。

図55

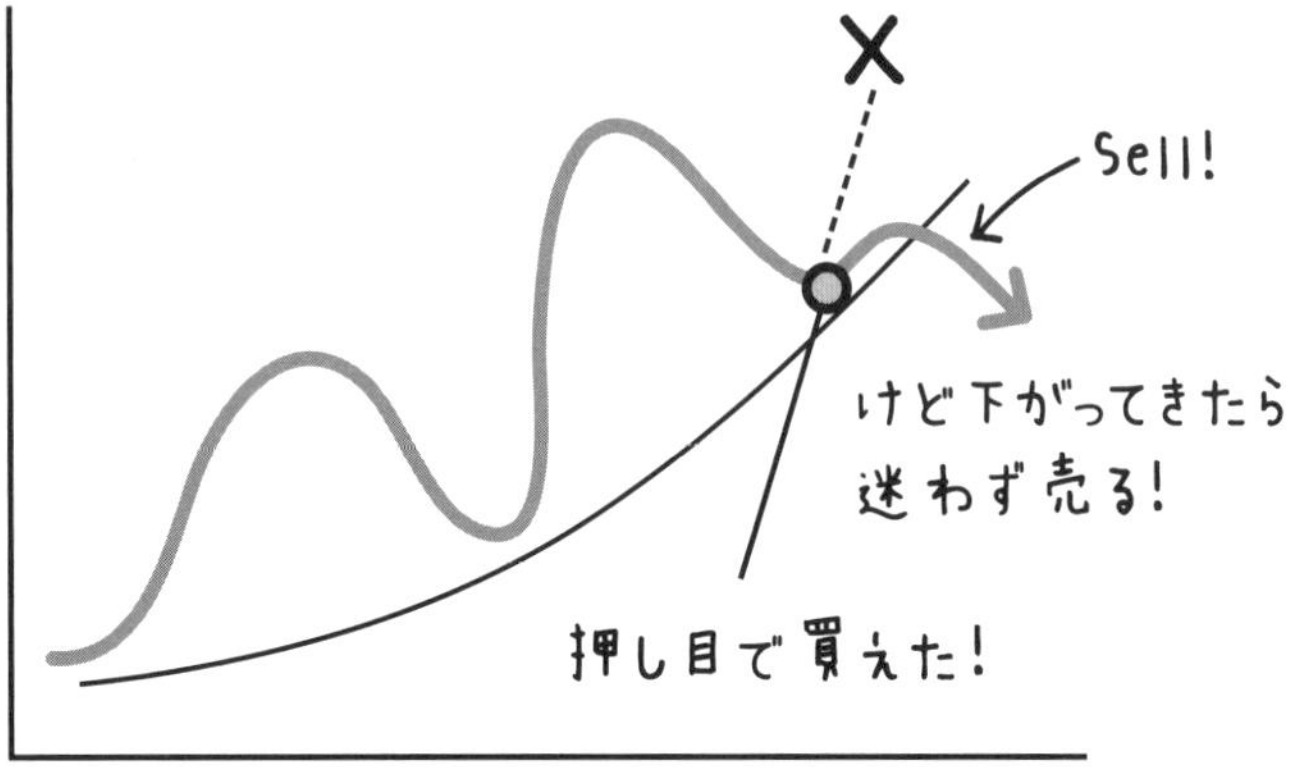
Sell!
けど下がってきたら
迷わず売る！
押し目で買えた！

うまく押し目で買えたのに、反発せずにずるずると下がってしまうこともあります。その場合は、早めに売るのが正解。今まで下支えしてくれていた移動平均線を割ってしまうということは、床が抜けたエレベーターみたいな状態です。売るのをグズグズ迷っていたら、ズドーンと落ちてしまいます【図55】。

株価が下がり始めて、**2本の移動平均線がクロスしたところをデッドクロスと呼び、これは売ってくださいの強烈なサイン**。このサインが出たら素直に売るのが正解です【図56】。

なおかつ、移動平均線が下を向いて、ロウソク足が2本の移動平均線の下に潜っていたら、本格的に下降トレンド入りしたこ

図56

デッドクロス

とになります。そうなると上がるのは難しいと思います。わたしだけが思うのではなく、チャートを見ている人が同じように思うので、買う人がますます減って、売る人はますます増えて、なおさら株価が下がるというメカニズムです。

ただ、せっかく上がっている株を買って利益が出ていたのに、デッドクロスのサインが出るまで待っていたら損をしてしまうということもあります。もう少し早めに売って利益を確保したい場合は、ちょっと上級者向けですが、自分でチャートに線を加えるというテクニックもあります【図57】。

図57

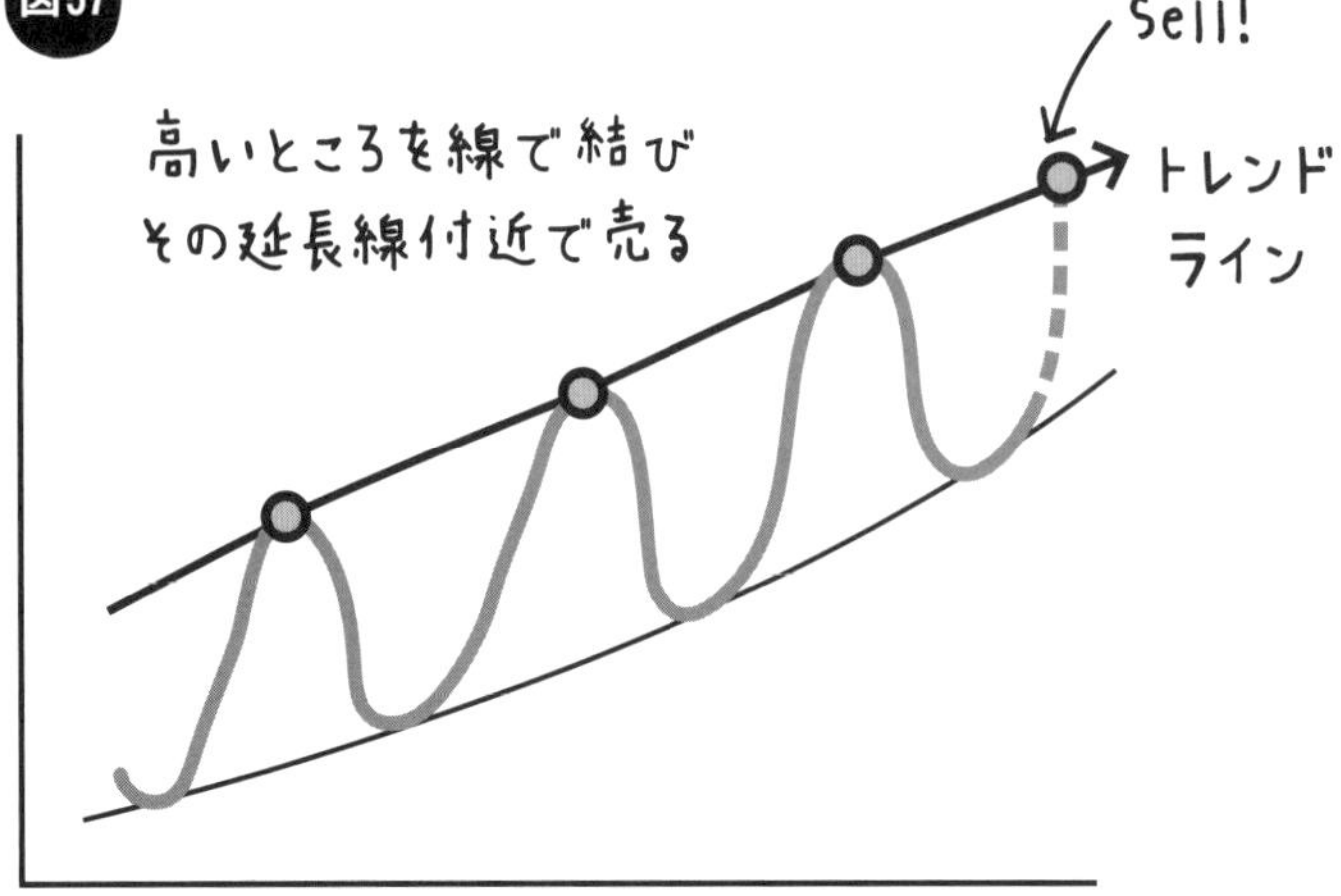
高いところを線で結び
その延長線付近で売る
Sell!
トレンドライン

高いところを線で結んで、その延長線付近まで上がってきたら売るという方法です。これなら利益もバッチリ。この線のことを〝トレンドライン〟と呼び、チャートソフトならたいてい描ける機能がついています。四季報オンラインで見られる無料のチャート画面にもトレンドラインを描く機能があります【図58】。

線を引くという時点でたじろいてしまう根っからの数字オンチさんには、とっておきのアナログな方法をお伝えします。【図59】のチャートをじっくり眺めて、株を持っている人の気持ちを考えてみてください。ここまで急激に上がってくると怖くなりませんか？　移動平均線に近づくこと

図58

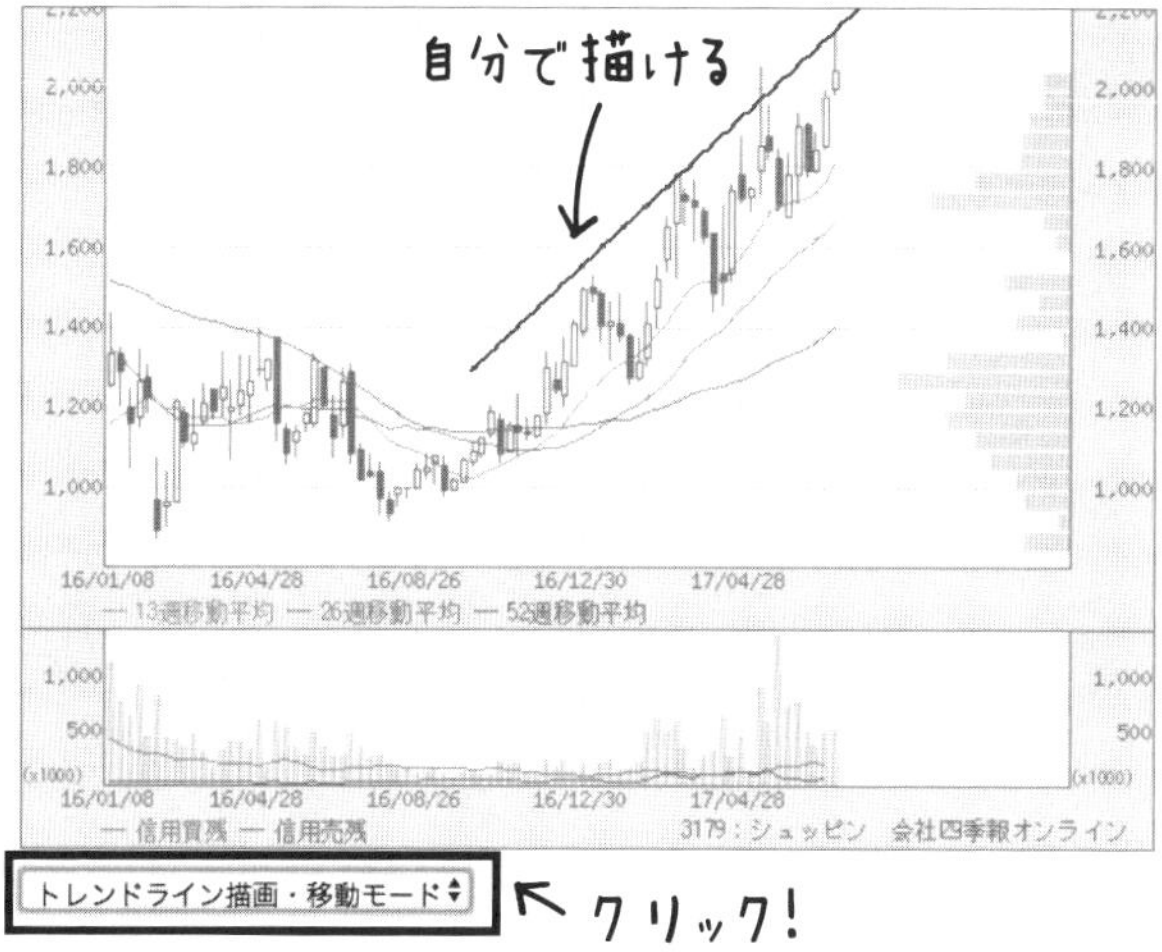

なく昇り龍のように上がっています。上がり始めの頃に買った人なら、かなり利益も乗っています。そろそろ天井がやってきそうな予感がしませんか？

そう思ったら売りのタイミングです。

冒頭でお話ししたように、チャートは人の気持ちそのものですから、自分が怖いと思ったときに、ほかの所有者も同様のことを思っている可能性が高いです。じーっとそのチャートを見ていれば、この後どうしたがっているかが想像できます。チャートが上がりたがっている、チャートが下がりたがっているというサインを感じられるようになれば、それも立派なテクニカル分析です。

図59

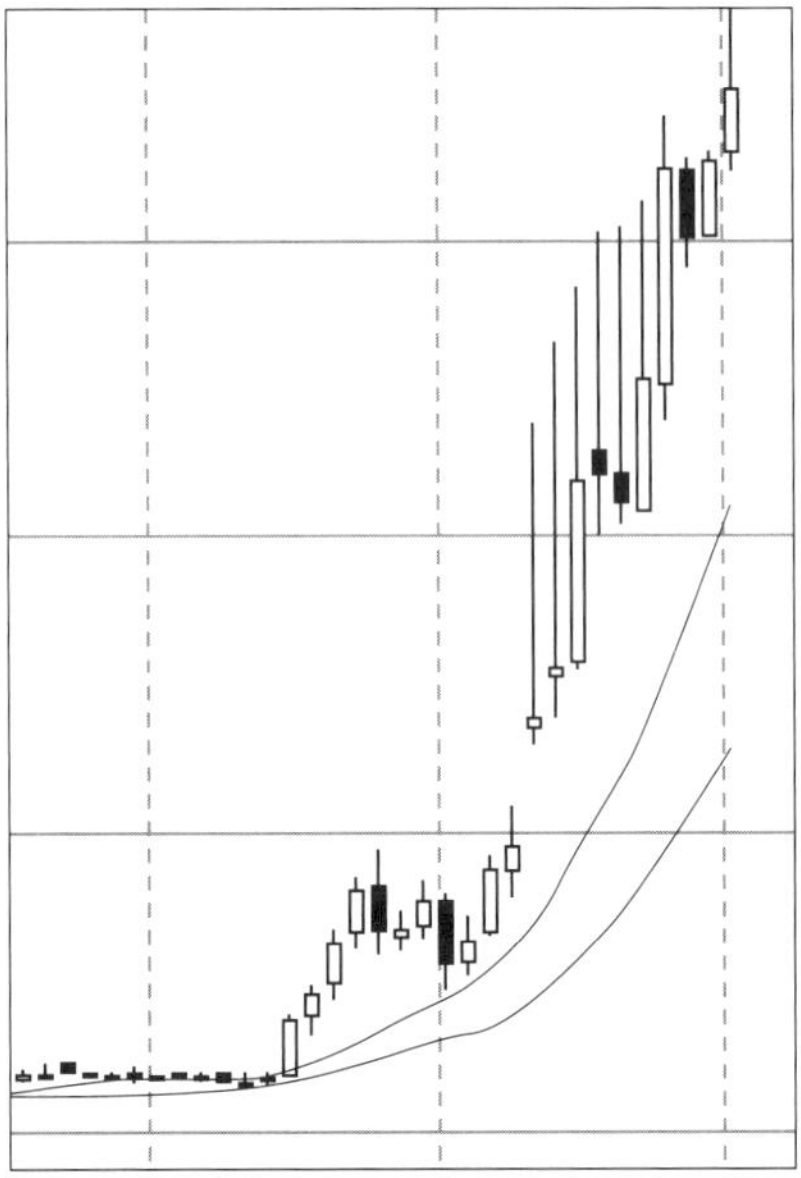

このようにチャートは買って、売ってのサインを出してくれます。そのサインに従って売買すればよいので、最初から保有期間を決めてしまうのはナンセンスです。結果的に3日で売ってしまうこともあれば、1年以上保有していることもあるでしょう。よく受講生にも「どれくらいの間持っていますか？」と聞かれますが「その株次第です」としか言えません。答えはチャートに聞いてください。

年間損益負けなしとはいえ、ちょこちょこ負けてるわたしの失敗談　その1

株式投資を始めてから一度も年間でマイナスになったことがないと豪語していますが、負け知らずなわけでは決してなく、小さな負けはしょっちゅうあります。

おかしなことに、負ける株は何度も負けます。人間と同じで相性みたいなものがあるのかもしれません。

その一つがアイビー化粧品（４９１８）。２０１６年1月からの約1年半で、5倍近くも上昇した出世株です【図60】。こんなに上がった株でどうやったら負けるのか？と思われるかもしれませんが、この間に売ったり買ったりを6回ほど繰り返し、その都度惨敗。トータル負け金額は48万円になります（改めて証券口座を確認して吐きそうになりました）。

アイビー化粧品は、訪問販売という地道な方法ながら、高級価格帯のアンチエイジング化粧品をバンバン売っているやり手の化粧品メーカーです。業績もご覧の通り勢いよく伸びています【図61】。四季報で数字を見るたびに惚れ惚れするのですが、わたしが買っ

図60

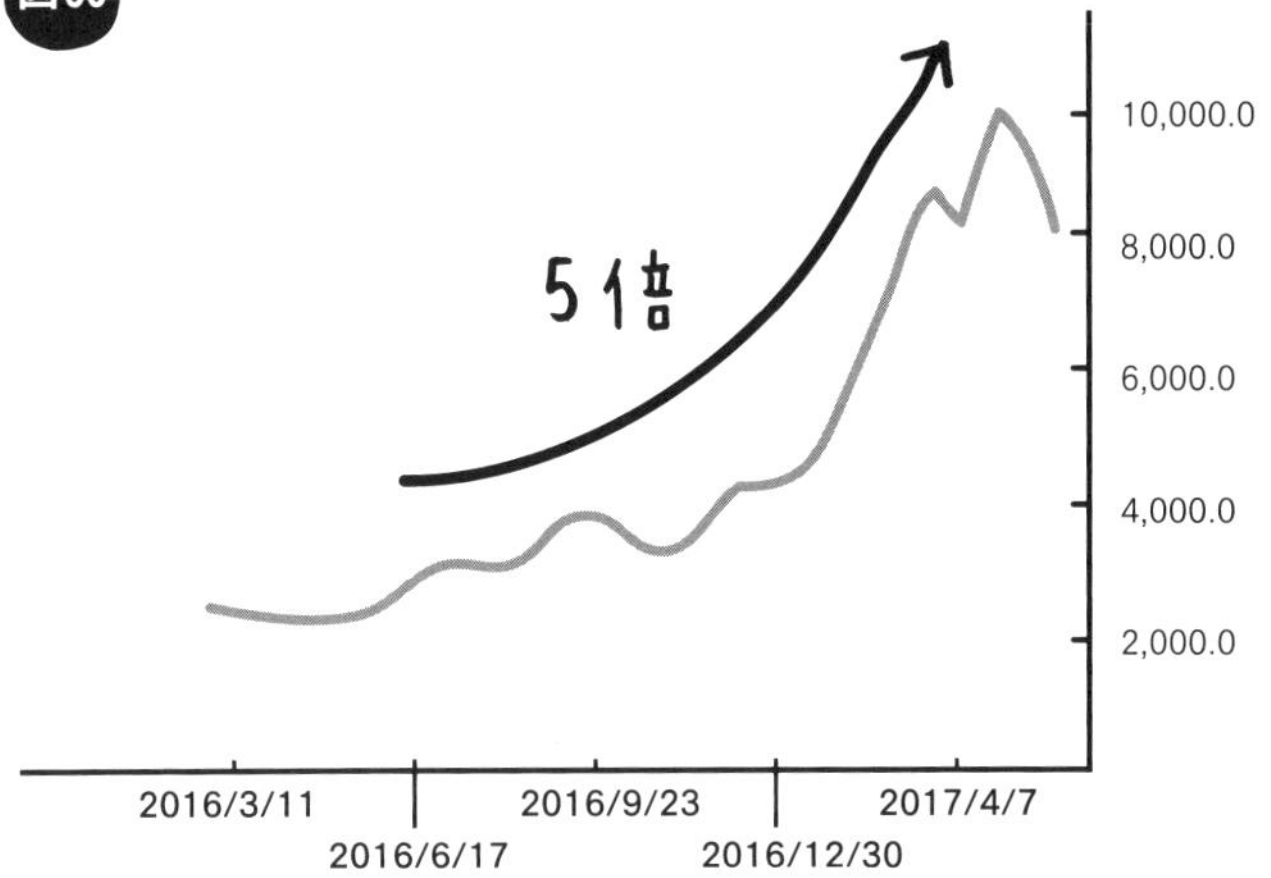

図61

【業績】(百万円)	売上高	営業利益	経常利益	純利益
連13. 3*	4,676	442	433	210
連14. 3*	4,708	472	471	436
連15. 3*	4,488	369	375	235
連16. 3*	5,163	630	625	349
連17. 3*	6,664	1,090	1,099	606
連18. 3予	10,000	2,600	2,600	1,560
連19. 3予	14,000	4,200	4,200	2,520
中16. 9*	3,459	742	746	460
中17. 9予	5,300	1,600	1,600	800
会18. 3予	14,000	5,500	5,500	2,750

たら下がってしまう憎いやつ。そのまま持ちこたえていればいずれ上がってくれるのですが、早めの損切りを心がけているゆえに売ってしまい損失確定。そして、また上がり始め、いいなと思って買うと下がって損切り。その繰り返しなのです。振られても振られてもトライする執着心がかえって判断を鈍らせているのかもしれません。

一番大きくやられたのは、２０１７年３月期の決算でした。5月11日に決算発表を出す予定が、その前日の5月10日にいきなり大きな下方修正を発表し、そのときこの株を持っていたわたしは「こりゃダメだ」と思い投げ売ってしまいました。ところが、翌日の決算発表で会社が出した来期18年３月期の予想はなんと営業利益5倍です！

その発表の翌12日金曜日は買いが殺到しストップ高*です。ちなみにわたしが売った値段は７２００円ですが、週明けの月曜日についた最高値は１０７８０円。このときの悔しさったら――。

こういうときは、本当はきっぱりとあきらめた方がよいのですが、どうしてもこの株でリベンジしたい気持ちが抑えられません。急騰した株は利益確定で売られやすいので、一旦下がることが多いものです。案の定、その後はスルスルと下がっていきました。しめたと９５００円で買い戻し、上がれ上がれと念じていたのですが、そのあともズルズルと下げが止まりません。９０００円を割って、ついに８５００円も割れてしまいました。

買った金額の10％下がったら売るというのがマイルールです。泣く泣く売りました。こういうときの気分の悪さは、例えようがありません。

一つ言い訳をするならば、アイビー化粧品が出す予想値は幅を持たせていてボンヤリしています。なおかつ、期の途中で修正することも多く、それに翻弄されるのです。

そもそも、なぜ決算発表の前日にわざわざ下方修正を出すのでしょう。そのあとのビッグサプライズを効果的にする演出としか思え、ません。……と愚痴の一つや二つ言いたくもなります。

さて、これだけひどい思いをしつつも、まだまだ未練たっぷりで現在もウォッチ中です。今度こそ絶好のタイミングで捉えてリベンジしたいものです。

＊ストップ高……日本の証券取引所では、極端な株価の上げ下げを避けるために、1日の値幅が制限されており、その制限いっぱいいっぱいまで株価が上がること

第7章

負けないための鉄則は〝マイルール〟を決めること

株の最大の敵は〝自分のこころ〟

「あのとき買っていれば」「あのとき売っていれば」、〝たられば〟の話をしても仕方ありませんが、ついつい言いたくなるのが人情です。

わたしにも数え切れない〝たられば〟話があります。よくあるのは、**保有株が勢いよく上昇してくると、うれしい反面、明日は下がってしまうかもと怖くなります。**自分の中でいくらまで上がったら売ろうと決めていても、そこまで届かずに下がってきてしまうかもしれないと弱気になってしまいます。ついついその弱気な気持ちに負けて売ってしまったあと、さらに勢いづいて上がっていくその株の様子を見るときの悔しさといったら……【図62】。

ただし、この場合は負けているわけではありません。利益は取れているのでそこでよしと気持ちを切り替えればいいのですが、ここでまたありがちなのは、売却後上昇している株が、少し下がってきたときに、よく考えないまま買い直してしまうことです【図63】。

図62

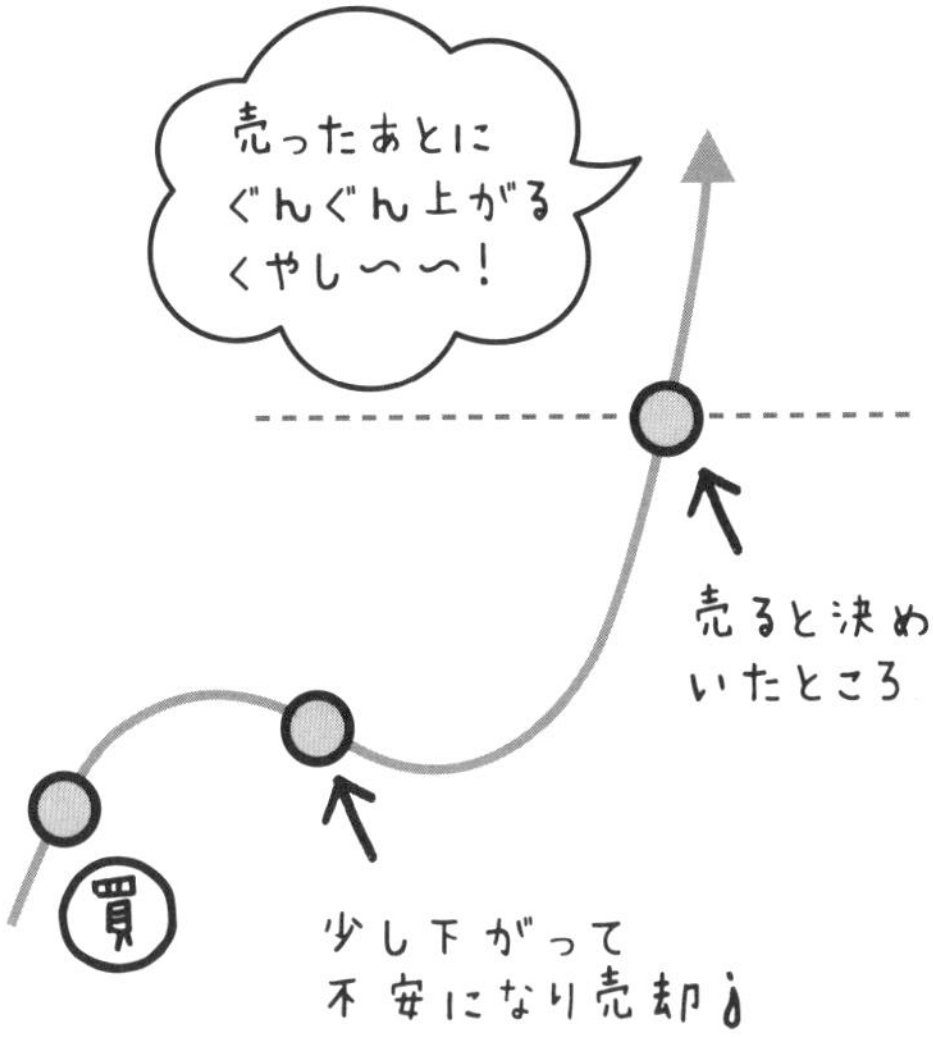
売ったあとに
ぐんぐん上がる
くやし〜〜!
売ると決めて
いたところ
買
少し下がって
不安になり売却

図63

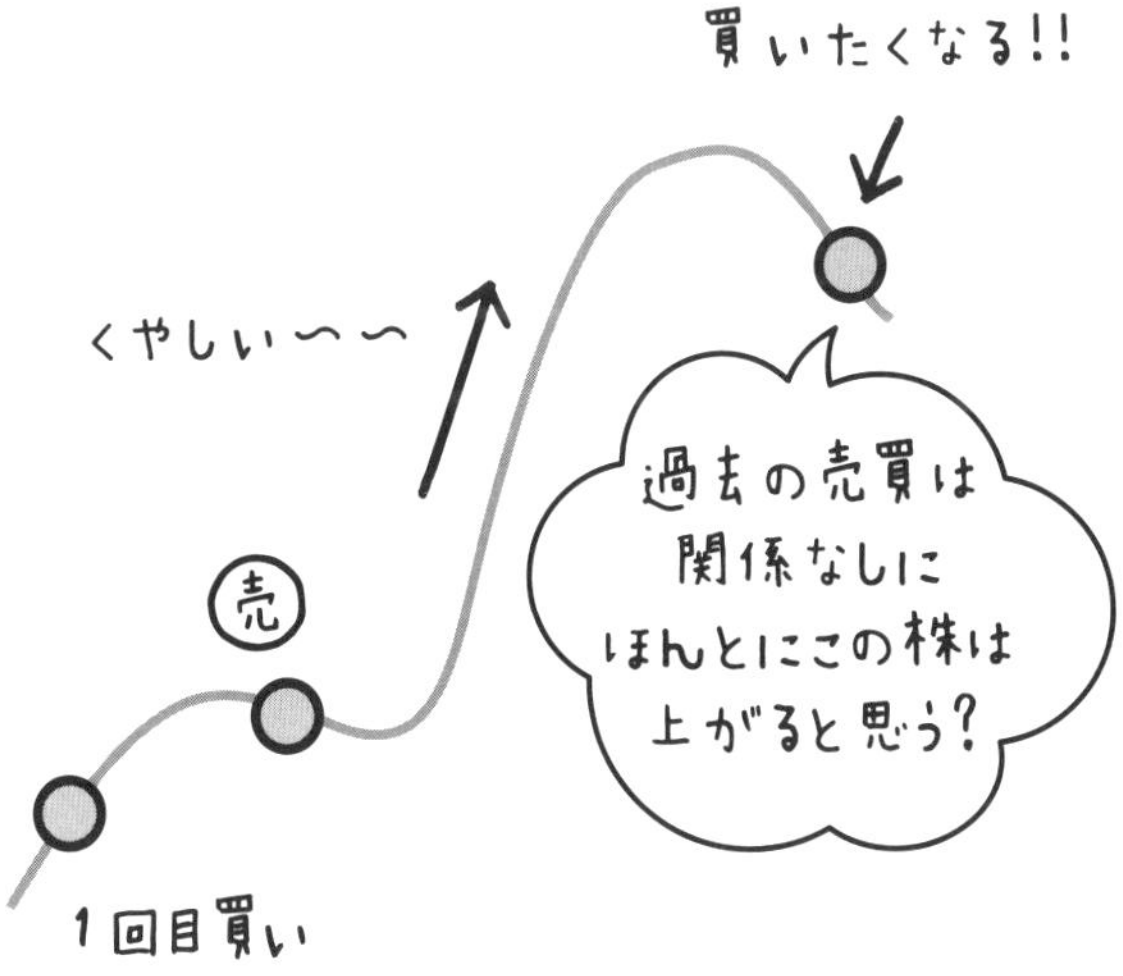
買いたくなる!!
くやしい〜〜
売
過去の売買は
関係なしに
ほんとにこの株は
上がると思う?
1回目買い

図64

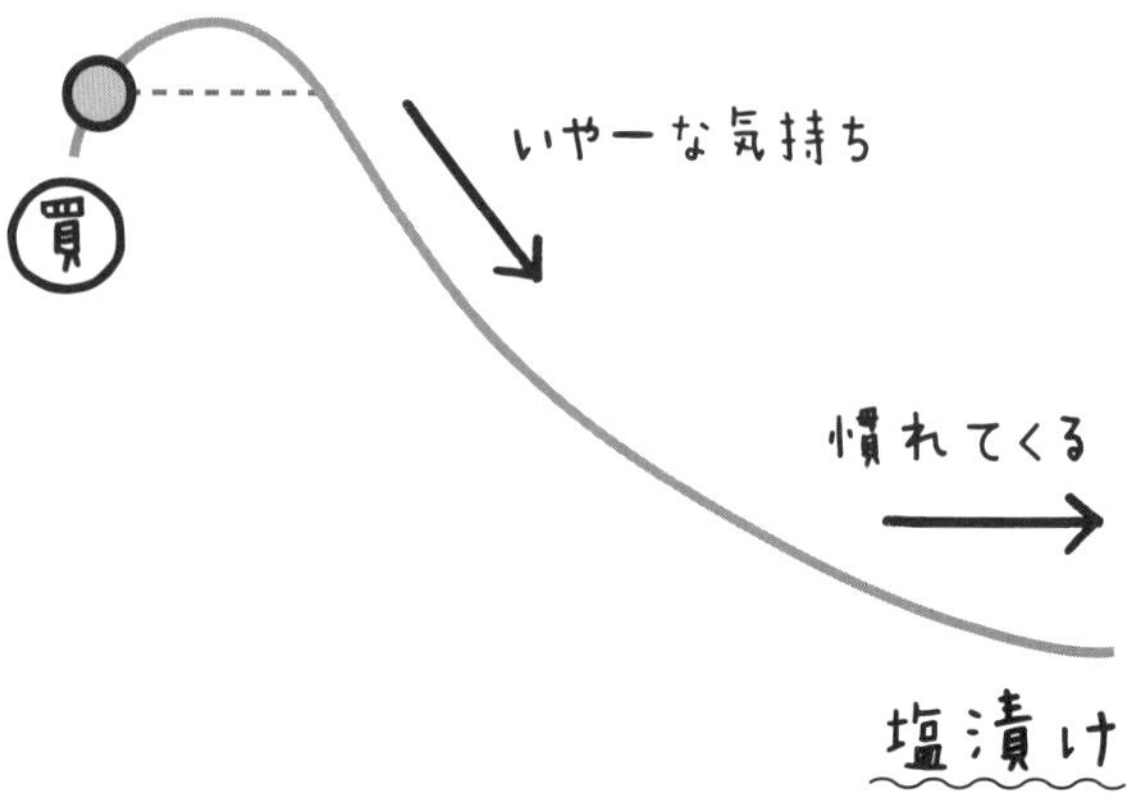

これは、出世していく元カレとなんとかよりを戻そうとする下心みたいなもので、まずうまくいくことはありません。

　一度売ってしまった株を買い直すときは、以前の売買は頭から削除して、まっさらな気持ちでその株に向き合わなければいけません。**今、この状態で、この株を発見したとしたら買うかどうか、という問いかけを自分にする**のです。

　逆の場合もよくあります。保有株が下がってきたときに、もっと早く売ればよかったという後悔です。不思議なもので、保有株が下がってくると最初はつらいのですが、さらに下がってきて含み損*が大きくなってくると、なぜかあまり気にならなくなるのです。**人は、どんな悪い状況にも慣れる**という特性を持っています。損している状況が苦でなくなり、そのまま塩漬け状態を延々とキープしてしまうのです【図64】。

これはただ単に、**損失確定を先延ばしにしているだけ**です。いつかまたその株が上がってくる可能性はゼロではありませんが、いつか分からないことのために大きなタイムロスを作っています。そんなダメダメ株とはさっさと縁を切って、もっと上がりそうな株にお金を投じた方が効率がよいとは分かっていても、それがなかなかできません。せっかくここまで持っていたんだから、上がってくるまで待っていようと多くの人が思ってしまうのです。受講生の中にも「なんとかしたい」と言いつつ、20年近く前に買った塩漬け株を大事に温めている人がいます。

もっと最悪なのは、下がっている株にさらにお金を投じてしまうことです。これをナンピン買いといいますが、かなり高度なテクニックで、思い通りに利益が取れる人は稀なんじゃないかと思います。というのも、**ナンピン買いは、なんとかこの損失を取り返したいという感情に突き動かされて行ってしまう場合が多い**からです。人は、かけた時間やお金

＊含み損……所有している株式などの時価が、取得した価格を下回ったときに発生する見込みの損失

が大きいほど、この負けをなんとしてでも取り返してやる！　と躍起になってしまいます。これは**ギャンブルで負けている人が、逆転してやろうと最後に有り金を全部賭けてしまう心理とまったく同じ**です。

投資は自分の心との戦いです。

株式投資を続けてきて得たわたしなりの真理は、**株で勝つか負けるかは、知識やテクニックよりも自分の心をいかにコントロールできるか**です。そのことに気づいてからは、売買に熱くなってきたときは意識的にＰＣを閉じて見ないようにするなど、心を落ち着かせる時間を取ります。精神的に余裕が持てるときだけ売買するというのも、負けないためのコツの一つなのかなと考えています。

損切りのルールを徹底すること

株式投資で一番難しいのは売るときです。買った株が上がっても下がっても、なかなか売る決心をつけられません。これは実際に株を買った誰もが最初にぶつかる壁だと思います。

株を買ったときの株価より下がったときに売る、いわゆる損切りをするのは心理的にものすごく負担がかかります。第2章でも少し触れましたが、行動ファイナンス学の実験では、たとえば10万円利確するときのよろこびを1とすると、10万円損切りするときの悲しみは3〜5というデータがあるそうです。合理的に考えるならば、10万円儲かるときのよろこびと、10万円損するときの悲しみは同じ金額なので同等であるはず。ですが、**人間は損することに対して、とってもつらく感じるようにできています。**

投資においては、**感情のままに売買を続けていると必ず負けてしまいます。**損を確定するのがつらくて、損切りを先延ばしにすると、損失はどんどん膨らみ、最終的にはものすごく下がったところで泣く泣く売るか、もしくはそのまま売れずに塩漬けになるかのどちらかです。

たとえば10万円で買った株が、8万円になったときに2万円の損を覚悟して売っていれば、そのあと残りの8万円で別の株を買うこともできます。新しく買った株が2万円以上利益を出せば、損切りした2万円の元は取れます。逆に、売らずにそのままズルズルと持ち続け、5万円、3万円と下がってしまうと、新しい株を買うチャンスすらありません。

損切りはネガティブな行為ではなく、次のチャンスをとらえるためのポジティブな行為なのです。

どのタイミングで損切りするかは、事前にしっかりと決めておきます。そのルールは自分なりに納得のできるラインで構いません。

わたしは、買った金額の10％下がったら損切りすると決めています。10％という数字に合理的な理由はありません。ただ、自分の中で、それくらいの損失ならそれほどダメージを感じないという感覚的なものです。値動きの荒い株だと、買って数日も経たないうちに10％下落して損切りになることもあります。一瞬だけ大きく値下がりして、そのあとすぐ

図65

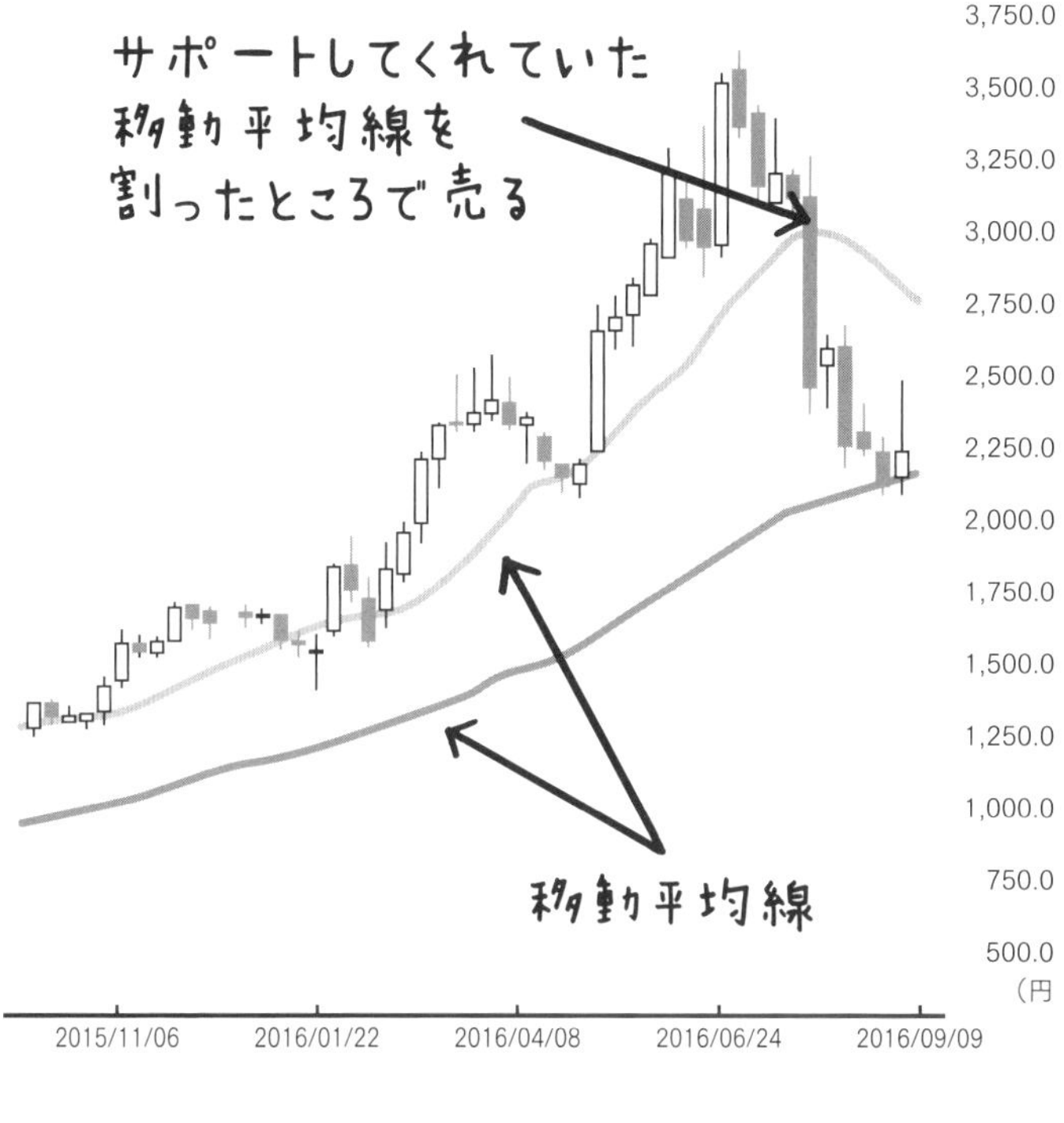
サポートしてくれていた
移動平均線を
割ったところで売る
移動平均線
3,750.0
3,500.0
3,250.0
3,000.0
2,750.0
2,500.0
2,250.0
2,000.0
1,750.0
1,500.0
1,250.0
1,000.0
750.0
500.0
（円
2015/11/06
2016/01/22
2016/04/08
2016/06/24
2016/09/09

図66

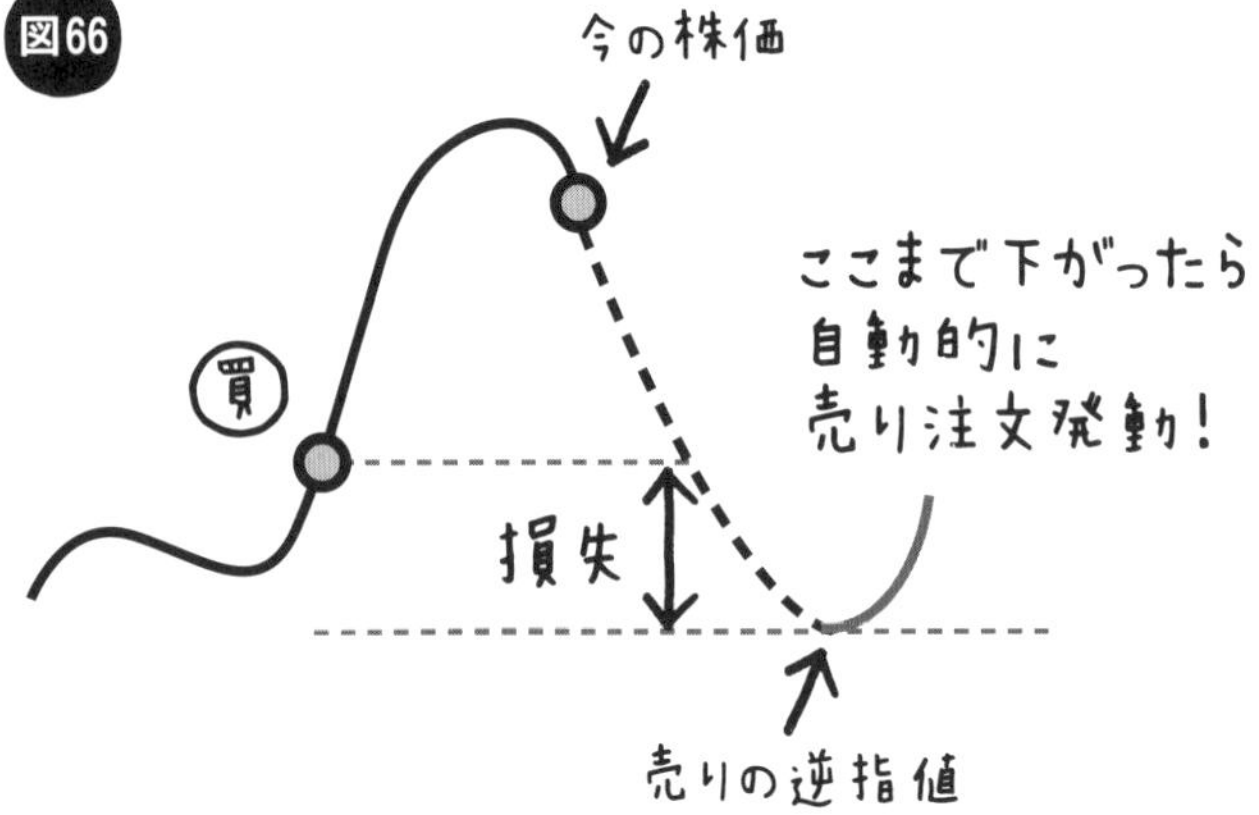

に上昇するということもあり、売ってしまったことを後悔するときもありますが、**自分の決めたルールを優先することに徹します。**

もう少し合理的な損切りラインを決めるのであれば、第6章で取り上げたように、移動平均線を割ったら売るなどでもよいと思います【図65】。

実際に、買った株がマイルールで決めた損切りのラインに達したとしましょう。そこで事務的に売れるかというとなかなか踏ん切りがつきません。今日は相場が悪いから下がってきたけど、明日になればまた上がるんじゃないか？と、自分に都合のよい解釈で損切りを先延ばししようとします。そういった心の揺らぎが、のちのち大きな損失をもたらしてしまうのです。

そうならないために第2章で紹介した**自動売買**を上手に活用してください。今の株価よりも下がったら売るという逆指値[*]の指示を出しておけば、自分が指定した損切りラインに到達した瞬間、事務的に売りの注文を出してくれます【図66】。その損切りラインは買った金額の10％下がったところでも、移動平均線の数値でもいいので自分のルールで決めた価格にしましょう。

日中、お仕事をしている人は株価を随時気にするわけにはいかないので、自動売買はマストなテクニックです。株が売れたあとは、たいていメールでその報告が届きます。そのときはちょっと切なく感じますが、あとから振り返ると売っておいてよかったと思うことの方が圧倒的に多いです。

経験上、**〝損切りしたときの後悔より、しなかったときの後悔の方がずっと大きい〟**といえます。**〝損切り上手は株上手〟**と心に唱えながら、事務的に損切りしていく。それが負けないための鉄則です。

＊逆指値……株価があらかじめ指定した価格以上になれば買う、または以下になれば売るという注文方法。指定した価格よりも高ければ売る、または安ければ買う、という注文方法（指値）とは対をなす

利益をきっちり確定すること

株価が買ったときよりも上がったときは、どのタイミングで売ればよいのでしょうか。上がり切ったてっぺんで売るのが理想ですが、そのタイミングでうまく売り抜けるのは相当難易度が高いと思います。その手前か、もしくはてっぺんから少し下がったところで売れれば、大成功といってよいでしょう【図67】。

人間は損をするのをひどく嫌うので、損切りするのがついつい遅くなってしまいますが、逆に、**利益が出てるときは、早く利確してしまう傾向**にあります。

これも人間の心のクセの一つで、目の前に利益があるとその利益を失いたくない（リスク回避）という気持ちが強くなり、早く売って利益を確定したくなります。逆に、損していると損失そのものを回避しようとするので損切りが遅くなります。

これは**〝プロスペクト理論〟**と呼ばれ、多くの人に共通する考え方です。こういった心のクセのままに投資していては、**損失は大きくて利益は小さい、いわゆる〝損大利小〟**に

図67

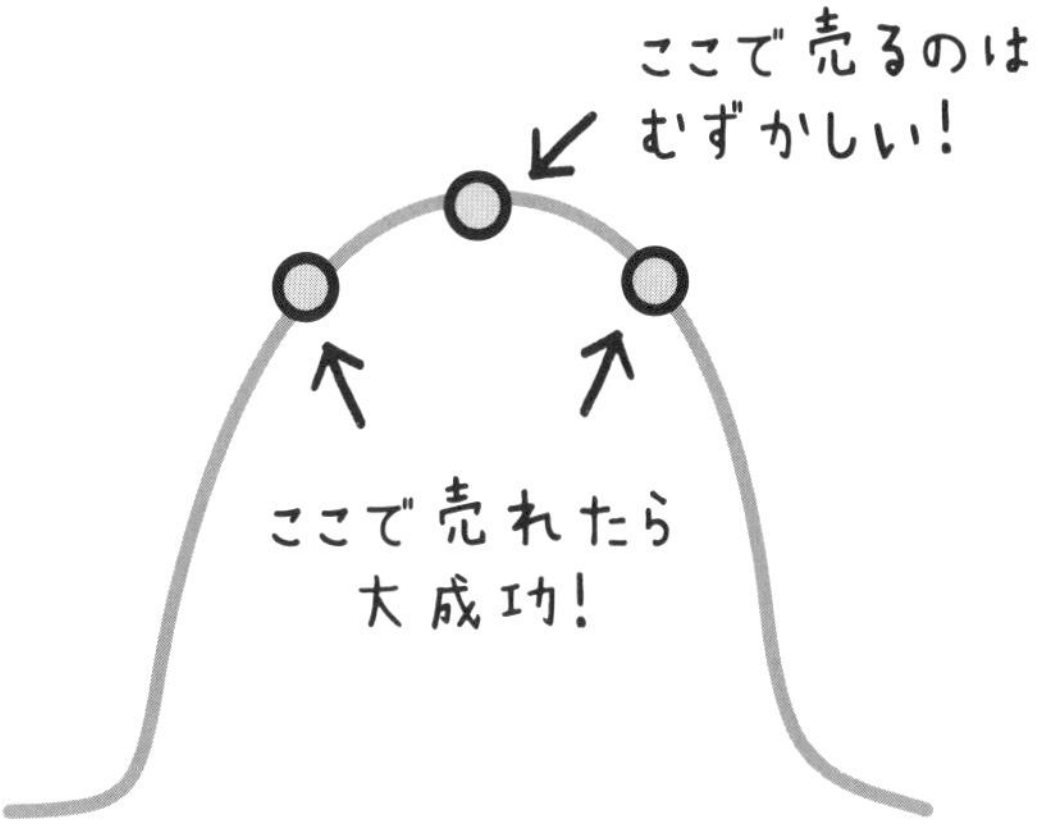
ここで売るのは
むずかしい！
ここで売れたら
大成功！

なってしまいます。わたしたち投資家は**自分の本能や感情とは反対の苦しい選択をすることに慣れなくてはいけないのです。**

わたしも利確するときは常に悩みます。利確したあとも後悔することがしょっちゅうです。売ったあとますます上がっていくというのはよくあることで、そうなったときはしばらくその株を見るのすらイヤになってしまいます。本来は売ったあとも冷静にウォッチし、また次のチャンスがあれば買い直しをすればよいのですが、心理的に崩れてくるとその次のチャンスも逃してしまいます。

なるべく自分の気持ちに左右されないために、やはり利確にもマイルールを作りました。これも合理的な理由があるわけではありません。わ

図68

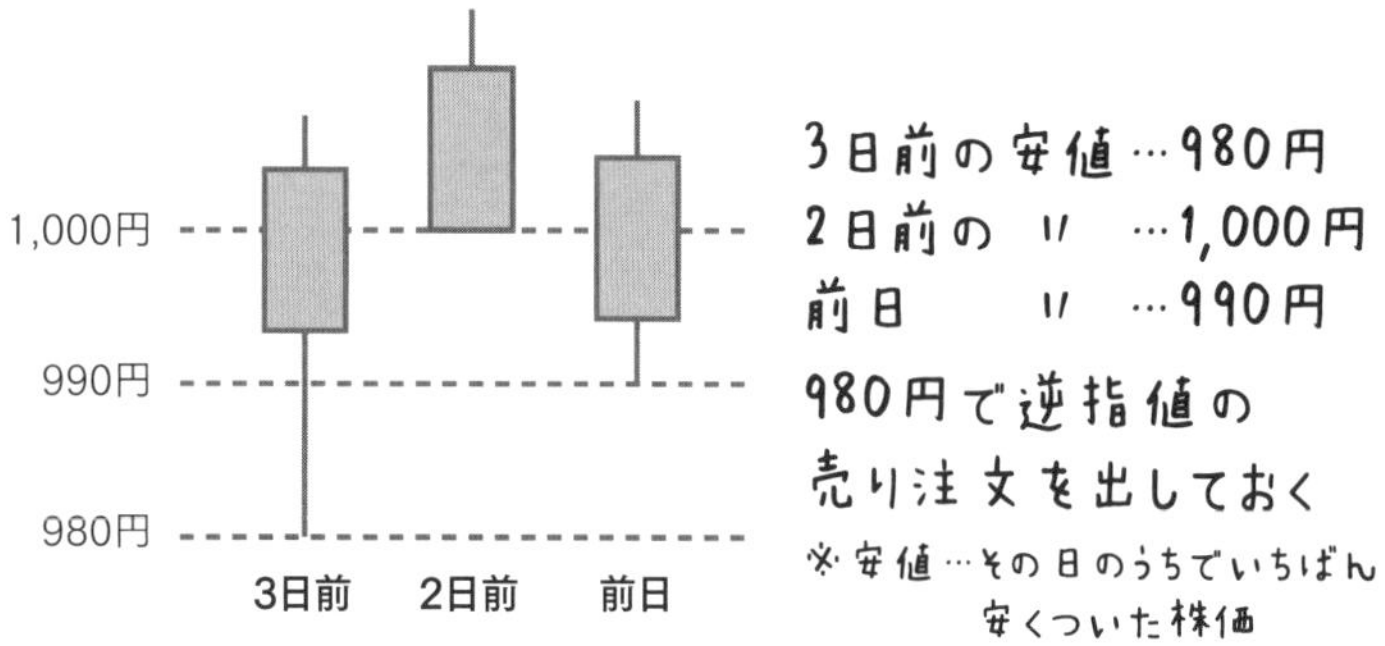

たしの経験値から導き出した自分の中で一番事務的にできる方法です。

毎朝、株式市場が開く前に、保有株全部に逆指値をしておきます。どこで指しておくかというと、過去3日間の最安値です【図68】。

ここまで下がったら自動的に売って利確します。もちろん、そのあと上がることもありますが、**自分が決めたルールを厳格に守ることを優先**します。その都度、銘柄によって利確のタイミングを変えていたら、やはり心の動揺に左右されます。株価の理論値や、テクニカル的な売りのポイントなど、売りのタイミングはいろいろあると思いますが、アレコレ考えていると、ついつい自分に都合のよい方向に判断がブレてしまいます。あえて思考を働かせず、事務的に判断を迷わないラインで売る、

図69

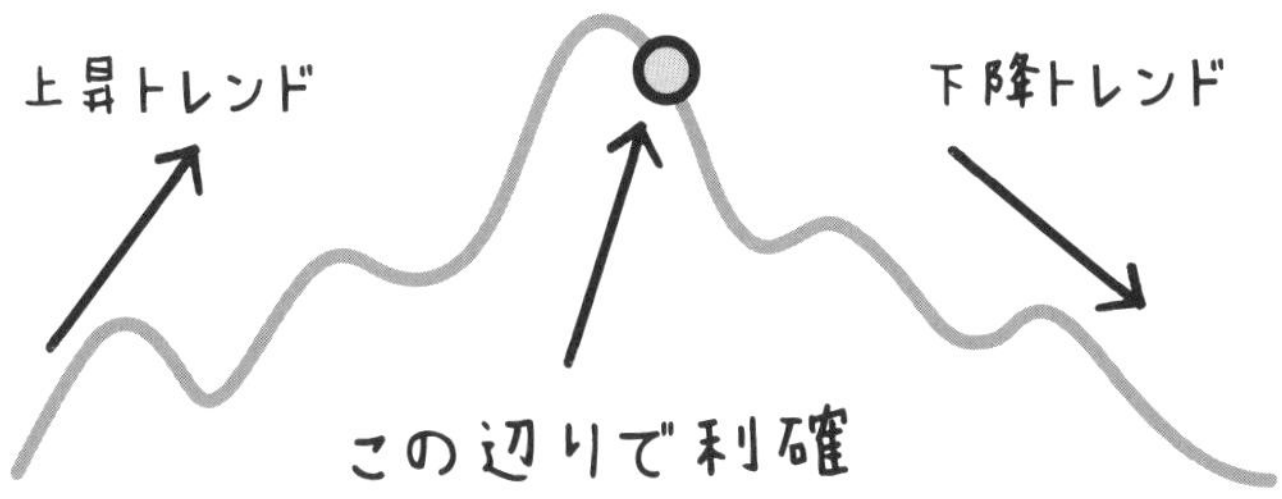

それに徹するのです。

この方法を取るようになってから、上昇トレンドから下降トレンドへと転換した初期の段階で、利確できることが増えたので、まあまあ悪くないのではないかと思っています【図69】。

損切りするにしても利確するにしても、潔く決断できるのは女子の方が多いです。これは恋愛と似ているかもしれません。別れると決めたときの女子の潔さは、ここで語るまでもありません。

ただ、恋愛と違うのは、売ったあとの株もウォッチしておいて欲しいということです。恋愛であれば別れた相手の動向を気にする必要はまったくありませんが、株の場合はもしかしたら再度投資チャンスがくるかもしれません。そういうときは、**売ったときの株価に翻弄されず、新たな気持ちで**

投資候補に加えます。

わたし自身も売ったり買ったりと何度も売買を繰り返している銘柄がいくつかあります。どんなに右肩上がりの銘柄であっても、一本調子で上がり続けることはなく、階段の踊り場のように途中途中でひと休みすることがあります。その間は、一旦そこで利確しておいて、再び上昇を始めたら改めて買い直すということをよくやっています。

限られた資金を効率よく増やしていくために、動いていないときは動いている株に資金を投じるというフットワークの軽さも大切かなと考えています。

収入の20%アップを目指してみる

株式投資を始める前にイメージして欲しいのは、**どれくらい利益を出したいか**ということです。**具体的な数字を決めた方が成功率は高くなります。**わたし自身も、以前は明確な目標を持たずに売買していました。ざっくり1年ごとにどれくらい利益が出ていたかはチェックしますが、それを見て次の目標を決めるということもしていませんでした。

なぜ目標を決めるのでしょう?

昔、とある初心者向けの株セミナーに参加したときのこと。最初に講師が受講生に問うたのは「月いくら欲しいですか?」という質問でした。それは何のためのお金ですか?　改めてそういうことを考えたことがなかったので、はて?　いくら欲しいかな?　と自問しました。

わたしが株を始めた一番の理由は老後資産を築くためです。現在は自営業ですので、老後の収入は手薄い国民年金だけ。満額もらえたとしても月6万5千円程度です。現状、マイホームを持っていないので、家賃すら払えない可能性があります。

じゃあ老後を迎えるまでにいくらあればいいの？　これはマネー雑誌でもよく取り上げられる話題です。具体的にいくら必要かは、公的年金の支給額、住んでいる場所、持ち家か賃貸か、シングルか家族ありか、どんな生活をしたいか、など人によって条件がまったく変わってくるので、全員に対していくら必要ですと言い切れる数字はありません。

正直に言ってしまうと、こういう計算をするのはとってもめんどくさい。ファイナンシャルプランナーの資格を持つわたしがこんなことを言ってしまうと若干問題がありますが、根っからの文系女子ですので目をつぶってください。細かい計算は苦手なのです。

わたしが目標にしたのは**「収入の20％の金額を毎月株で取れるようにする」**というざっくりとしたものです。

仮に年収が200万円だったら、株で年間40万円の利益を取ることを目標にします。株で得た利益は使わずに翌年は再投資に回すようにすれば、投資できる自己資金が大きくなって、資産が増えるスピードも早くなります。

資産運用のキモは、いかに自己資金＝投資額を増やせるかというところにあります。たとえば株で100万円利益を取りたいと思った場合、投資額が100万円の人は2倍に上がる株を買わなくてはいけませんが、投資額が1000万円の人であれば、10%上がる株を買えばすみます。**投資額が増えれば増えるほど、利益を取るのは簡単になり、資産運用の効率が上がっていく**のです。

投資額が増えることのもう一つのメリットは、**労働収入が入ってこなくなっても、投資の利益だけで生活できる可能性がある**ことです。

老後資金は「毎月の生活費×12ヶ月×老後年数」で計算されます。たとえば、毎月の生活費を20万円、老後を65～85歳の20年と考えると、20×12×20＝4800万円。65歳の時点で貯めておいた4800万円を毎年240万円ずつ取り崩していくと、20年経ったらゼロになります。もし20年以上長生きした場合は？　考えると気分が落ち込みます。

投資ができないとこうなりますが、老後までに投資の腕を上げて、ある程度安定して運用できるようになっていれば、65歳までに貯めた4800万円を自己資金にして、年間10%で運用すれば480万円、20%で運用できれば960万円の収入になります。**お金を減らすことなく悠々自適で生活できるし、長生きの不安に怯えながら老後を過ごす心配もありません。**

自己資金を早く増やすという意味で、**収入の20%を株で得て、それを自己資金へと回していければ、それなりに大きな資産になるだろう**という目論見です。

実際、目標額を決めることで、投資に対する真剣度が増し、成績は期待以上に向上しました。ぜひこれから株式投資を始めるという人も、どれくらい利益を出したいか、目標額を決めてください。その目標額に達するためにはどういう投資スタイルがよいか、自分なりに見えてくると思います。

ただし、あまり短期の成績に一喜一憂しすぎても株式投資がつらくなってしまいます。1ヶ月でいくらという目標を毎月達成するというのがベストですが、やはり相場のいいとき悪いときで利益の取りやすさも変わってくるので、目標に達しなかった月があったとしても1年で達成できていればいい、さらには、5年でつじつまがあっていればいい、くらいのゆるさでもよいと思います。自分を苦しめない範囲で、目標の達成度を確認する作業をしてください。

人の投資スタイルに振り回されない

株式投資は完全な個人プレイです。それに対して、不動産投資は一人で物件を売買することはできません。買い手、売り手、仲介業者、管理会社、司法書士、金融機関など、その過程で関わる相手が多く、その相手との相性によっても投資の成功率が変わってしまいます。わたしは不動産投資もしているので、その過程を経験していますが、やはり株式投資の気楽さが性に合っているなと思います。

一人で銘柄を探し、買ったり売ったりすればよいので、完全に一人の世界ですが、SNSを覗いてみると、他の人の成果を気にしてる人が結構多くて驚きます。

ツイッターでも株クラスタと呼ばれる株好きな人たちがたくさんいて、わたしも一部フォローしていますが、そういう人たち同士が、他の人がどのような株を買って、どれくらい利益を出しているか気にしている発言をよく目にします。著名な投資家の株ブログを読んで、その人の売買動向をこまめにチェックしている人もいるようです。

わたしは、仕事柄、株の書籍はいろいろ読みますが、ブログやＳＮＳに挙げられる個人的な投資成績や売買報告はほとんど見ません。「興味がないから」と言ってしまうと素っ気なくなりますが、投資スタイルが違う人の売買を見てもあまり参考にならないというのが理由の一つです。

株式投資のスタイルは人それぞれで、**利益を出している人には、その人のしっかりとした投資スタイルが確立されています**。ただなんとなく売買しているだけでは、継続的に利益を出すことはできません。もちろん、**ある人にとってはうまくいく投資法も、別の人にとってはうまくいかない**ということもあります。

わたしが学んで、現在は教える立場にあるファイナンシャルアカデミーの「株式投資スクール」の投資法は、**再現性と発展性の高い投資スタイル**です。わたし自身がこの7年間、実直に実践して成果を挙げていますので、たいていの人に通用すると思います。ただ、やはり経験を積んでいく上で、そこに自分なりのルールというのが付加されていきます。

たとえば、損切りのルールなどは、絶対に正しい！　というものではありませんので、自分なりに腑に落ちるポイントを見つけることになります。それらの積み重ねで自分の投資スタイルができあがっていくものです。

以前、ツイッターで、わたし自身は信用取引をしないということをつぶやいたことがあります。それに対して、否定的な意見をリプライしてきた人がいました。講師をするくらい株に精通しているなら、信用取引だってバンバンしていないとおかしいでしょうということでしたが、信用取引をしなくても利益を取れているので、今のところその必要性は感じていません。**大事なのは利益を取ることなので、その方法は人によって違っていい**はずです。

これから株式投資を始める人は、自分が真似しやすそうな投資スタイルを持つ人を見つけて、最初は真似から入るといいと思います。そのうち、自分なりにアレンジした投資スタイルが確立できるはずです。そうなってくるとますます株が楽しく、自分のライフスタイルの一部といえるほど親密なものになってくるでしょう。

大きな暴落が起きたときはどうする？

暴落はいつ起きるか分かりません。わたしも今まで大きなものから小さなものまで何度となく暴落を経験しました。何回体験しても慣れないものです。

直近で記憶に生々しいのは、２０１５年の8月の「チャイナショック」です。

２０１２年の12月からスタートしたアベノミクスによって、日本株は勢いよく上昇。８千円台からスタートした日経平均株価は、２０１５年の6月には2万円を超え、破竹の勢いでした。もちろんわたしもここぞとばかりに、目いっぱい株を買っていました。

そんな中で突如やってきたチャイナショック。中国経済の減速が世界経済にも波及するんじゃないかという懸念によって、日本だけでなく世界中が同時株安に見舞われました。たしかＮＹダウ（アメリカの日経平均株価のような指標）は、１日で１０００ドル以上も下げた日があったと記憶しています。

突如と述べましたが、実は暴落というのは突如やってくるものではありません。暴落が起こるための条件は、暴騰です。上がらないと下がりませんから、必ず落ちる前には上がります。ジェットコースターをイメージしてください。急角度でどんどん上っていき、もうすぐテッペンかな、もうすぐテッペンかな……、「きたーーーーーーっ！」となりますが、株も同じです。暴落の前は、なんとなく投資家みんなが、そろそろテッペンかな、そろそろテッペンかなと思っているところに「きたーーーーーっ！」となるのです。

そろそろテッペンかなと思っているなら、その前に株を売ってしまえばいいのですが、暴騰の最後が一番勢いよく上昇しますから、ヤバイヤバイと思いつつもそこから逃げられないのです。

さて、いざ暴落を迎えてしまったらどうすればよいのでしょう？

一番避けて欲しいのは「何もしない」ことです。暴落の難しいのは、それが1日だけのものなのか、数日間のものなのか、もっと長いスパンのものなのか、その最中は判断できないということです。歴史に残るリーマンショックですら、最初はそんな大事に至るとは専門家でも予想できませんでした。たいていの暴落は、何か大きな要因が一つだけあって起こるわけではありません。いろいろな不安が膨張したところに現れたちょっとしたほころびが暴落へとつながります。

よく分からなくても大きく株価が下がったときは、とりあえず売りましょう。なんでかな？　と考えたところで、下がっていく株を止めることはできません。もちろん、ほんの1日だけ大きく下げて、その次の日はリバウンドで大きく上がることもあります。それを考えると「売らなければよかった」となりますが、それよりも下げ止まることなく、ズルズルと下降トレンドに入ったときのダメージの方が大きいのです。

チャイナショックのときも、2万円を超えていた日経平均株価は半年で1万4千円台まで落ち込みました。そこから1年半で2万円台を回復してきたので、そのままずっと持っていてもよかったことになりますが、待っている間が本当にもったいない！

株で大きく利益を取るチャンスは暴落のあとにあります。暴落のときは、実力があるよい株も引きずられて下がってしまいます。その下がったとき、つまり**バーゲン価格で買うことができれば、そのあと上昇したときに得られる利益は一段と大きくなります。**

バーゲン価格で買うためには、その時点で現金を持っていなくては買えません。下がっ

図70

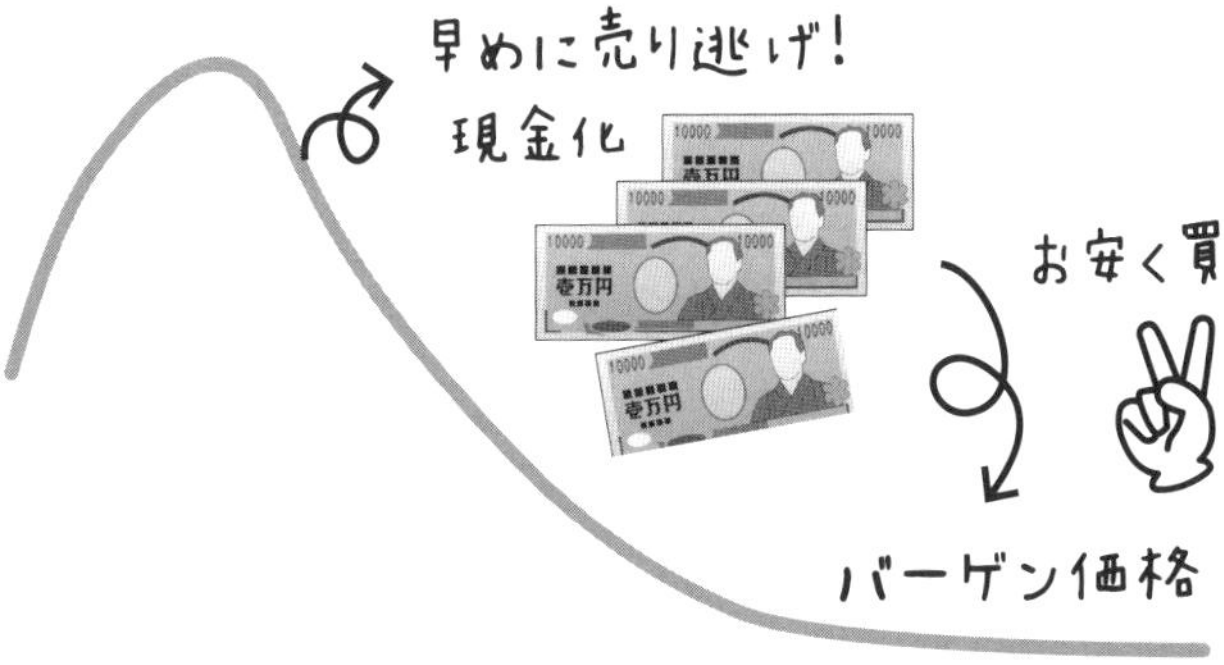

てきた株をそのまま持っていて、現金の余裕がなかったら買いたくても買えないのです。そのときのためにも、下がってきたら早めに売り逃げて現金化し、バーゲン価格になるのをじっくり待つというのがベストかなと思います【図70】。

このとき気をつけたいのが、買い戻すタイミングです。どんどん下がってくると、そろそろ底かなと思って早めに買ってしまいがちですが、慌てないでください。こういうときは、底なし沼のようにズルズル下がる傾向にあります。下げ止まって、さらにそこから上昇のサインが出てから買い戻すのが鉄則【図71】。そこまで慌てずじっくり待ちましょう。

図71

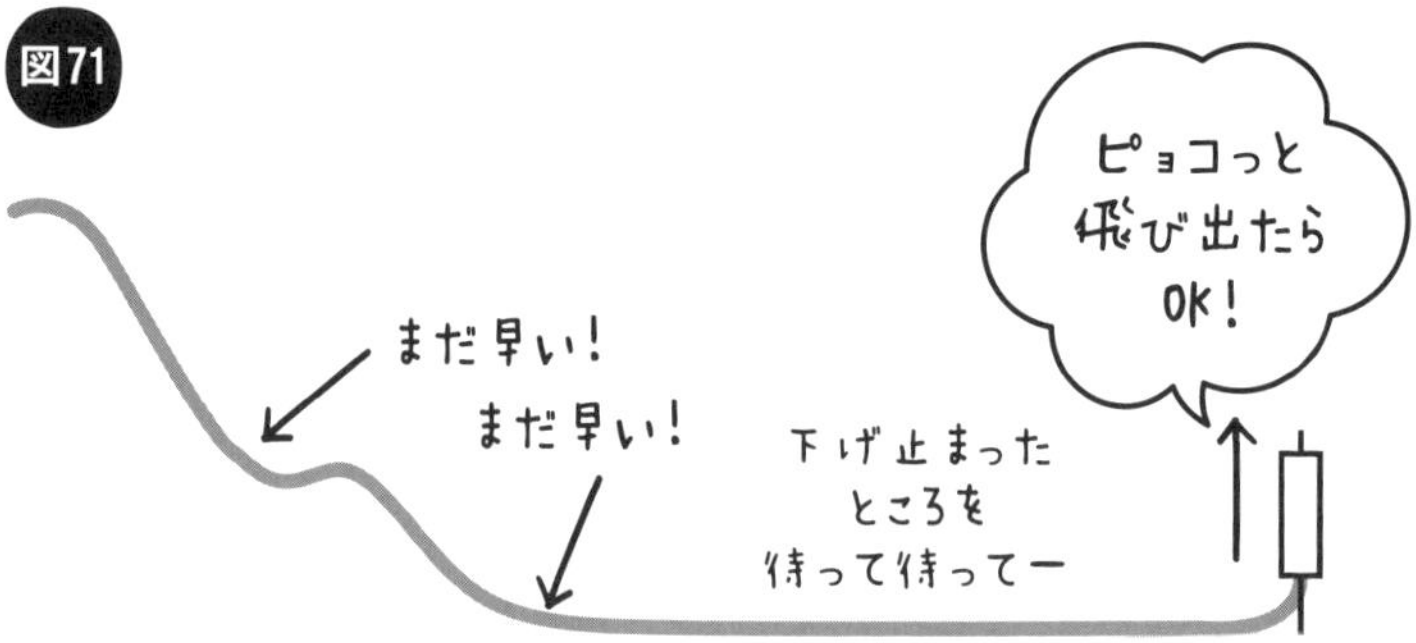

わたしと同じくファイナンシャルアカデミーでFXの講師をしている方が「売買がうまくいかないときは、パソコンを閉じて走りましょう」と話していました。わたしも大賛成です。株価が大きく下がり始めると、気になって気になってパソコンの画面とにらめっこしがちです。にらんでいても、株は上がってくれませんから、そんなときは気分転換するのが一番よいのです。余談ですが、わたしと一緒に株の講師をしている仲間は、全員日常的に運動しています。株式投資は心の動揺に振り回されない精神力が必要になります。日頃から、身体と心の両方を鍛えるためにも運動はよい習慣なのでしょう。

上がっているときも、下がっているときも、淡々と続けること

わたしは〝続けること〟が結構好きです。なぜかというと、続けることで自分自身が変われるからです。

たとえば、3年日記は10年続けています。日記をつけることで何が変わったかというと、自分の心のクセが分かるようになりました。3年日記は、1年目の今日、2年目の今日、3年目の今日を同じページに書く仕様なので、去年の今頃、どのような気持ちで過ごしていたか思い出すことができます。1年前、2年前の自分が悩んでいたことは、今の自分はまったく憶えていないことがほとんど。それを知ることで、何か悩みがあっても1年後の自分は悩んだことなんてまったく覚えてないんだろうなと、今の悩みを前向きにとらえることができます。また、気分が落ち込んだとき、だいたい何日くらいで回復するか、自分の心の回復力を把握できるようになり、同じように落ち込んだとき「こういう気持ちはたしか3日でスッキリしたんだった」と思い出します。出口が見えれば、あとはただ時をや

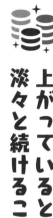

り過ごせばよいので気楽です。

夜ランは、5年続けています。約5㎞を週2～3回走ります。こちらは明らかに身体が変わりました。引かれるのを覚悟で白状すると、わたしは自分の身体が好きです。もちろん、もっと背が高ければ、腕が細ければ、胸が大きければと理想を言えばキリがないのですが、5年間走ることを続けた証である、筋肉のついた脚がとっても好きなのです。

5㎞のランニングはそれほどハードな運動ではありません。最初は途中で歩いてしまったとしても、何回か続けているとたいていの人が走れるようになると思います。ただ、それを1年以上続けられる人は少ない。だからこそ、5年続けた自分に自信が持てます。1年前に受けた健康診断では、アスリートに近い心拍数だと言われました。心臓ですら変えることができるのです。

それは株も同じです。相場がよいときに株式投資をする人はたくさんいます。四季報を一冊、二冊読む人もたくさんいると思います。でもそれを何年も続ける人はあまりいないのです。

だからこそ、長く続けている人は強いです。どんな相場のときもマイルールに従って淡々と続けている人は、その間にいろいろなことを学んでいます。その経験が必ず力になり、続ければ続けるほどうまくなります。

日記を書くことも、走ることも、特別な才能はいりません。ただ続けるだけで力になります。それと同じで、**株にも特別な才能はいりません。ただ続けるだけで力がつきます。**

もちろん相場がすごく荒れているときや、なんとなくうまくいかないときは、休んでよいと思います。「休むも相場」という格言もありますし。ただ、第3章で書いたような日々の習慣は続けてください。いつでもチャンスがあれば、エントリーできるように準備しておいてください。チャンスは準備ができている人にのみ訪れます。

そのような話を授業でしたら、受講生から「続けるコツを教えてください」と聞かれました。株に限らず、続けることが苦手な人にとっては「続けろ」と言われるのはある種の苦痛を伴うようです。楽しいことは続けられると思うのですが、楽しくないときも必ずありますから、そこでやめてしまわない工夫が必要です。

一番効果があるのは、投資仲間を作っておくことだと思います。これは、終章で触れますので参考にしてください。そのほかには、事務的にできることを作っておいて、それだけは感情に左右されず無の境地でやるのがいいかもしれません。わたしの場合は、日経新聞に載っている経済指標（日経平均株価、売買高、為替など）をグーグルドキュメントに記録していくという作業を、毎日の日課にしています。これは、相場がよいときも悪いときも、ただ事務的に見たままの数字を入力するだけです。株の売買をする気持ちになれないときも、それだけは無の心で行います。

継続するのが苦手な人は、すべてを完璧にしようとがんばりすぎるのかもしれません。わたしはとってもズボラなので、キレイな一本の直線のように几帳面に一定のペースで継続するというよりは、細くなったり太くなったり、ときには点線になったりしつつ、それでも継続するというイメージです。

それでもやっぱり**「継続は力なり」**です。これは自信を持って言えますので、株式投資ともゆったりとした気分で長くおつき合いしてくださいい。

第8章

とにもかくにも元手のお金を用意しよう

いくらあればスタートできる？

　ここまでテクニックや心構えについて説明してきましたが、株式投資を始めるためには、とにもかくにもそのためのお金が必要です。「いくらあれば株を始められますか？」という質問をよくされますが、第2章でもお話ししたように、5万円でも買える銘柄はたくさんありますし、プチ株、ミニ株といった、1株からでも買えるシステムもありますので、数万円でも始めることはできます。

　ただ、本音を言ってしまえば、**元手は多ければ多いほど有利です。**投資資金が大きいほど、取れる利益が大きくなり、ますますお金が増えていくからです。たとえば、10万円の10％は1万円ですが、100万円の10％は10万円です。同じ10％上がる銘柄を買っても、投じたお金によって取れる利益は変わります。当たり前の話ではありますが、これは一度経験するとよりリアルに感じることができます。

わたしは株を始めた当初、１０００円から２０００円前後の銘柄を、最小単位の１００株で買うことがほとんどでした。つまり、一つの銘柄で多くても20万円程度の投資額です。その株が20％上がったとしても利益は４万円です。株雑誌などで、テンバガー（10倍に上がる株）などが特集されることがよくありますので、20％と聞くと少なく感じるかもしれませんが、現実的には20％の利益を取れれば上出来だと思います。20万円程度の銘柄を５銘柄くらい買って、その中で上がる株、下がる株を相殺すると、平均して月にだいたい３万円くらい、多くても５万円程度の利益でした。

もちろん、働いて３万円稼ぐ大変さを考えたら、株でこの利益を得る方が格段に低燃費です。投じている金額が少ないので、損する金額も限定されます。ところが、やはり人間とは欲深いもので、１００株しか買っていなかった株が10％、20％と上がると、もっと買っておけばよかったと悔しく感じるのです。

投資金額を多くすれば、こんなに効率よくお金を増やせるのかと実感したのは、第１章で紹介した初の大勝利株ジンズでした。

２０１２年当時のジンズの単元株数は１０００株でしたので、株価が１０００円だとしても１００万円必要になります。わたしにとっては手を出しにくい株でした。ただ、少額ながらも株の売買に慣れ、銘柄選びにも少し自信が出てきたこともあり、なおかつ、PC眼鏡を実際に買って使ってみた感じからも、これは絶対もっと伸びると確信したので、まさに清水の舞台から飛び降りる覚悟で買い注文を出しました。

1200円で1000株。120万円の大きな買い物です。買った直後からドキドキでした。50円株価が上がるだけで、5万円もお金が増えるのです。実際、わずかな時間でPCの画面に＋5万円と表示されるインパクトはなかなかのものでした。2012年の3月に買って、2013年の2月に4200円で売ったので、なんと300万円もの利益を取れたのです。日本女性の平均年収がざっくり350万円ですから、わたし以外のもう一人の誰かが働いてくれたようなそんな感じです。

この体験以後、投資額を一気に増やしました。もちろん投資額が大きくなれば、下がったときのダメージも大きくなります。ですので、リスク管理については、さらに徹底し、早めの損切りを心がけるようにしました。

この本で紹介しているシンプル投資術で銘柄を選んでいくと、5年間で3倍くらいに上がる銘柄を見つけられると思います。買って5年間放置していればいいのですから簡単じゃんと思われるかもしれませんが、実際には5年の間に大きく下がる局面もあるかもしれ

図72

	投資金額	増加率	売却金額	利益	時間
	20万円	3倍	60万円	40万円	5年
★	200万円	20%	240万円	40万円	3ヶ月

こっちの方が簡単!

同じ利益

ませんし、足踏みすることもあります。それでも何もせず5年間持ち続けるのは、おそらくみなさんが想像するよりもタフな精神力が必要です。

20万円投じて5年で3倍にして40万円の利益を取るよりも、２００万円投じ、3ヶ月で20%増やして40万円の利益を取る方が効率もよいし精神的な負担も少ないと思います【図72】。5年先までの会社の業績を見通すのは難しいですが、数ヶ月先であれば会社や四季報からも予想値が出ていますので、初心者さんでも見通しが立てやすいのです。

「なくなってもよいお金で投資をする」のは正解？

投資には、お金が減ってしまうリスクがありますので、最悪そのお金が全部なくなったとしても生活に支障のないお金でしましょう、とはよく言われるセリフ。わたしも最初はその考えに賛成でした。

しかし、重ねて言いますが、投資は元手のお金が多ければ多いほど利益を取るのは簡単になります。ですので、銀行などに寝かせているお金があるのであれば、それをすべて投資に回した方がよいと思うのです。

たとえば、100万円貯金があります。そのうち10万円だったらなくなっても耐えられると思うのであれば、10万円で株を買うのではなく、100万円分の株を買って、10万円損する前に売ればいいのです。

仮にあなたが経営者だとしましょう。従業人が10人いたら、10人に働いてもらいますよね。10人のうち1人だけ働いて、最悪その人が働けなくなったらそれまで、とは考えないと思います。１人が必死で働くよりも、10人で一斉に働いた方が成果が出るのは当然です。それと同じだと考えてください。

ちょっと乱暴な意見ですが、個人的にはそれくらい元手を大きくすることは大事だと思っています。

わたしたちは心の中にいくつかのお財布を持っていて、それらを別々に管理しています。行動ファイナンス学ではそれを **〝メンタルアカウンティング〟** と呼び、〝心の会計〟〝心の家計簿〟とも訳されます。

たとえば、こんなことはないでしょうか？　今月は仕事をとってもがんばったから、自分へのご褒美と言い訳し、給料以上に高い買い物をしてしまう。がんばって仕事して入ってきたお金と、ご褒美として出ていくお金は同じお財布からなのに、ご褒美のお金は豪快に使ってよいお金と心の中で勝手に仕分けしているのです。

ほかにも、汗水たらして働いて得たお金は大事にしなくてはならず、ギャンブルや宝くじで当たったお金はパアッと使っていいと考えるのも、メンタルアカウンティングの一種です。

投資資金はなくなってもいいお金と考えるのも、メンタルアカウンティングによるものだとわたしは考えます。銀行口座に入っている10万円も、証券口座に入っている10万円も同じ価値のはずです。なぜ証券口座に入っている10万円は、なくなってもいいお金と考えるのでしょうか？　とっても不合理です。

〝なくなってもいいお金〞と心の会計で仕分けしてしまうと、最悪、本当になくなったとしても「どうせこのお金はなくなってもいいお金だったんだから」と、自分を納得させてしまうのではないでしょうか？

この〝なくなってもいいお金〞思考は、銘柄選びを適当にさせてしまいます。

仮に10万円のバッグを買うとしたら、いろいろなお店を回って比べたり、本当に必要かどうか熟考すると思いますが、株になると「なんとなく」とか、「誰かに勧められたから」とかでほとんど調べもせずに買う人がいるのです。**投資に使うお金はなくなってもいいお金ではなく、増やすために使うお金です。**そういう意味でも、なくなってもいいお金と仕分けするのはスマートではありません。

わたしが銀行に入れているお金は1ヶ月の生活費程度です。出ていくお金が足りなくならない程度のお金のみ残して、あとはすべて証券口座に入れています。そのうちのだいたい8割くらいのお金は常に株に投じています。もちろん相場が荒れているときは、現金の比率を多くして様子を見たりしますが、ここ5年を振り返って、まったく株を持っていなかったときは一度もありません。

株用のお金、貯金のお金と仕分けせず、すべてを〝増やすためのお金〟として一つのお財布に入れ、大事に運用すること。それがお金を効率よく増やす秘訣だと思います。

とにかくにも元手のお金を貯める方法

お金にまつわる能力は多岐にわたります。貯める能力、使う能力、増やす能力、管理する能力……。

投資をする上でまず必要なのは**貯める能力**です。これは稼ぐ能力と相関性はありません。実際、年収1000万円以上で貯金がまったくない人もいれば、年収200万円程度でたんまり蓄えている人もいます。収入が少ないのでお金が貯まらないというのは、残念ながら言い訳にはできないのです。

一つ実例をあげると、わたしが節約男子と尊敬の念を込めて呼んでいる30代前半の男性がいます。手取り収入は20万円そこそこですが、資産額はもうすぐ億超えのリッチマン。彼の節約術はまさにアッパレで、たとえば食パン、野菜、たまご、ハムなどを会社の冷蔵庫に保存しておき、それらの素材でサンドイッチを作ってお昼に食べます。フライドチキンは買うと割高になるので、レシピサイトを参考に自作します。「ブラジル産の安い鶏肉で、本物そっくりにできますよ！」と満面の笑顔で教えてくれました。

節約男子曰く「自分の収入がこれから劇的に増えることはないと思って、わりと早くから節約と投資を始めました。最初はキツかったけど、１０００万円を超えると景色が変わりましたね。勝手にお金が増えてくれます」

まさにその通りです。雪だるまは、最初の芯を作るのが一番大変で、それができればあとは転がすほどにどんどん大きくなります。節約もそれと同じで、最初が一番キツくて、ある程度貯まってくると加速度がついておもしろいように増えていきます。

元手がゼロ円では投資はできないので、こればかりは諦めて貯める能力を身につける努力をしましょう。とはいえ、特別な訓練は必要ありません。とっても簡単です。

お金が貯まる仕組みさえ作ってしまえば、あとは簡単に貯められます。

ファイナンシャルアカデミーでも、最初にお伝えするのはお金を貯めるための仕組み作りです。貯金が苦手な人は、たいていお金が余ったら貯金しようと考えますが、それではなかなか貯まりません。お金はあればあるだけ使ってしまうのが人情。余るなんて奇跡はまず起こりません。使う前に貯めるお金を別枠に除けてしまうのです。

具体的には、あらかじめ指定した日に一定額を自動的に積み立てる〝スイング積立〟を利用します。これはたいていどの銀行でも使える仕組みです。たとえば、給料日が25日だとしたら、26日に2万円と指定しておけば、自動的に普通預金の口座から積立用の口座に2万円スイング（振替）してくれます。自分の意思で毎月定額を積み立てるのは、貯金が苦手な人にとってはコミットしにくいミッションです。スイング積立を使えば、自分がお金を下ろす前に、勝手に貯めたいお金をスイングしてくれるので、意思とは関係なく貯金できます。

現状まったく貯金がない人は、まずは元手としていったいいくら用意するのが妥当でしょうか？　少し遠回りですが、とってもやる気の出るデータを発見したので紹介しますね。

２０１７年８月半ばに発行された日経ヴェリタス*で『一億円長者の素顔』という特集が組まれました。資産を１億円以上保有している１０００人にアンケート調査する企画で、その結果はとても興味深いものでした。

まず、一億円長者の40％が年収１０００万円未満ということ。稼ぐ力が特別高くなくても資産１億円は達成できます。やった！

さらに、億り人になる過程で資産増加に最も寄与したのは〝株式投資〟だったというのも、頼もしい回答です。

じゃあ元手はいくら？　というと、34％の人が50万円未満とのこと。少額からのスタートです。ただし、平均投資歴は23年とのんびりゆったり。

第1章で触れましたが、書店で並ぶ株の本は、短期間で億超えを狙う華やかな投資法が主流です。しかし、実際の億超え投資家は、少額の元手から、ゆったりと10年以上の年月をかけていることが分かります。わたしの投資法も同じです。少額から始めて、リスクを取ることに慣れつつ投資額を増やしていく。コツコツのんびりと進め、10年、20年経ったところで資産が10倍、20倍、そして憧れの〝億り人〟になっていれば万々歳です。

というわけで、まずは投資の元手として30万円と、何かあったときのための当座資金として20万の**合計50万円を貯めることを目標にしてはいかがでしょうか**？　月収15万円の人なら、毎月2万円を貯金すればおおよそ2年で達成できます。毎月3万円なら1年半もか

＊**日経ヴェリタス**……日本経済新聞社より週に1回発行されているタブロイド紙

かりません。わたし自身が低収入だったので、節約の切なさは経験ずみですが、節約が目的ではなく、将来のお金を増やすための通り道だと思ってください。

毎月2万円の捻出方法は、固定費の見直しに限ります。その中でも、一番効果的なのは住居費の削減です。実家が近くにあるのに別居してる方は、1年だけでも実家にお世話になることを本気で検討しましょう。そのほかの具体的な節約のノウハウは、ちまたにたくさんの節約本がありますのでそちらに譲るとします。

スイング積立で20万円貯まったら、そのお金はそのまま積立口座に入れておき、そこから先は積立口座ではなく、証券口座に送金します。

銀行で定額自動送金を申し込めば、毎月決まった日に、決まった金額を特定の口座へ自動的に送金してくれます。自分の証券口座を指定しておけば、これもまた意思とは関係なく証券口座にお金が貯まっていくのです。

臨時収入があった場合も、ひとまず証券口座へ。証券口座になじみがないと、少し違和感を抱くかもしれませんが、証券口座は銀行の普通口座と同じ感覚で使ってしまって大丈夫です。たいていのネット証券は銀行の口座からリアルタイムに入金&出金ができるように提携されていますので、急にまとまったお金が必要になった場合は、証券口座からすぐに自分の銀行口座にお金を移し、引き出すことができます。

証券口座にどんどんお金を入れていき、なるべく投資にお金を回すことをおすすめしますが、口座に入っているお金をそのままにしておくこともちろん可能です。

わたしが銀行口座にあまりお金を残さず、ほとんどすべてを証券口座に移している理由は、ペイオフのリスクを避けるためでもあります。ペイオフというのは、銀行が破綻した場合に元本１０００万円とその利息しか保護されず、それ以上預金していたとしてもそのお金は払い戻しされない可能性がある制度です。それに対して、証券会社は法律によって会社の資産と顧客から預かっている資産は分別して管理しなくてはならないので、万一証券会社が潰れたとしても、預けている資産は保護されます。

どうしてもわたしたち日本人は、銀行を過大評価する傾向にあります。

金利が高い時代ならともかく、現代のような低金利時代では、銀行で預金するメリットは自宅にどろぼうが入ったときの被害から守るくらいしか思いつきません。**お金を増やす、守るという観点で評価すると、証券口座にお金を入れる方が賢い選択です。**

株式投資をスムーズに始めるためにも、まずは貯める仕組みを作り、証券口座の数字をどんどん大きくしていきましょう。

株を始めたら、定期的に資産チェックをしよう

株だけでなく、投資信託など値動きがあるものを資産として持った場合、定期的な資産チェックが必要です。預金だけであれば、そのときの預金残高＝家計の資産額となりますが、値動きがある金融資産を持っていると、お金が増えているのか、減っているのかが曖昧になってしまうからです。日々のお金の細かい増減を気にする必要はないと思いますが、半年に一度くらいは定点チェックを行いたいものです。

資産とは、雑な言い方をすると〝売れるもの〟です。株、投資信託、債券などは売れますので資産といえます。その他には、金、美術品、車、家なども資産に入りますが、値段が分かりづらいものは無視しても大丈夫です。株や投資信託は、そのとき売れる金額（評価額）が明快に分かりますので、持っている資産をすべてお金に換えたらトータルいくらになるか、というのを定期的に把握しましょう。

図73

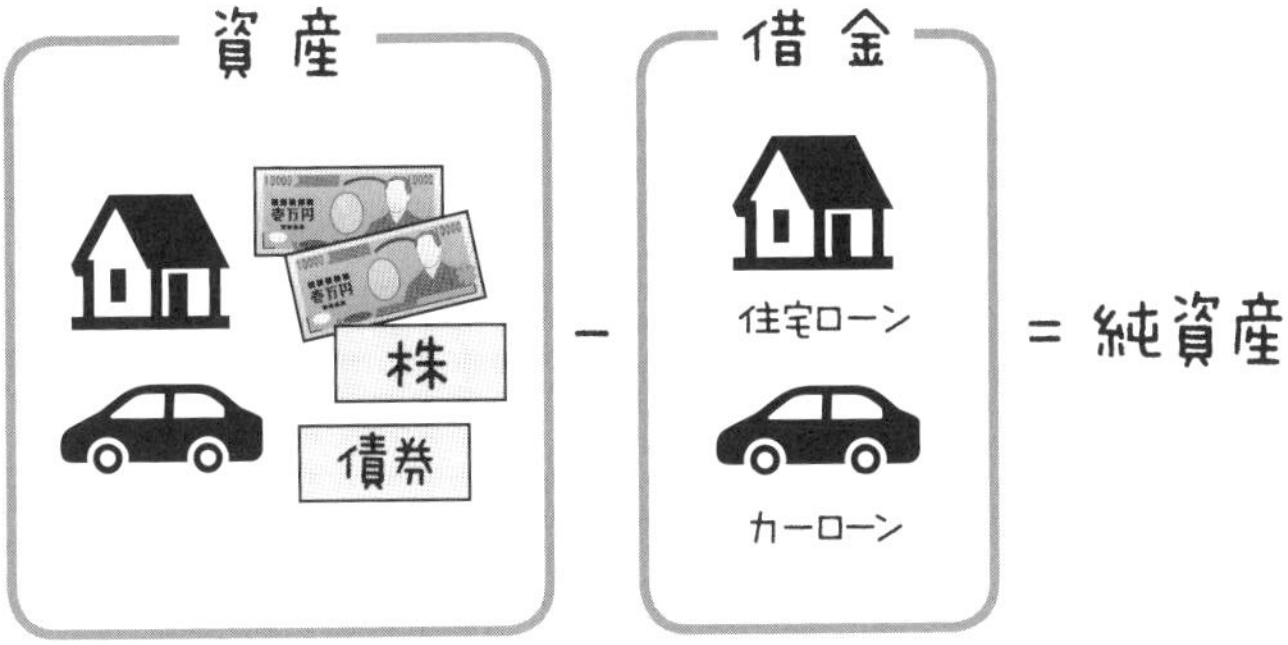

資産チェックの方法はとっても簡単です。まずはお金に換えられるものをすべてリストアップして、それらを今、すべて売ったとしたらいくらになるかを計算します。それらの合計が今のあなたの資産額となりますが、もし借金があったとしたらその借金の残高は引いてください【図73】。資産から借金を引いたものを純資産と呼びます。この純資産が、半年ごとのチェックで増えていればＯＫです。

資産チェックを定期的に行うと、貯金だけでお金を貯めていくのと、投資をしながら増やしていくのでは、スピードが違うことをハッキリと感じられます。わたしは株式投資を始める前からこの資産チェックを行っていましたが、やはり株を始めてからの資産の増え方はそれまでとは明らかに異なりました。

株を始める前が歩くスピードだとしたら、株を始めたあとは自動車に乗ったときのスピード感。半年ごとに増えたお金を計算して、この金額を貯金で貯めるのは無理だよなーとその都度思います。もちろん、時期によってはそれほど増えていないときもありますが、年間で見ると概ねいい感じです。


この資産チェックは、10年以上エクセルを使って行っていたのですが、最近恐ろしく便利なツールを発見しました。家計簿・資産管理を自動で行ってくれるwebサービス **〝マネーフォワード〟** です。

使い始めてまず感動したのは、利用している銀行や証券会社を登録すると、それらすべての口座が一括管理され、なおかつ情報が自動更新されることです。いままでA証券の日本株、B証券の投資信託、C証券の確定拠出年金とそれぞれの口座を確認&計算していた作業が、一切不要。毎日、資産の評価額が自動的にサイトに表示され、なおかつ時系列で資産の増減を見られます。また、Amazonなどネット通販で買ったものも自動的に家計簿に記載されますし、銀行口座から引き落としがあったり、カードで支払いした場合ももちろん反映されます。日々の買い物はレシートをアプリで撮影すれば勝手に入力してくれます。すばらしすぎる！　まさに神サービスです。

これらの便利な機能を全部利用するには、月５００円のプレミアムサービス料がかかりますが、制限のある無料サービスもあります。わたしは有料で利用していますが、個人的には月５００円払う価値は十分あると思います。

家計簿なんてめんどくさい、資産チェックなんてやっていられない！という方でも、まったく手間なく資産状況がチェックできるサービスなので、株式投資を始める際にはぜひ試してみてください。

※わたしはマネーフォワードさんの回し者ではありません。あしからず。

年間損益負けなしとはいえ、ちょこちょこ負けてるわたしの失敗談　その2

その2はファンデリー（3137）で負けたときの話。

いい会社なんです、ファンデリー。生活習慣病患者やその予備軍に、専属の栄養士さんが考案したメニューの健康食を宅配するサービスを提供しています。確実に高齢化が進む日本において、いかに健康寿命を長くするかは大きなテーマ。健康食と聞くとどうしても味気ないものをイメージしますが、このファンデリーのお弁当は見た目も華やかでおいしそう（たぶんおいしい）。

メニューには「〇〇が選ぶ　生活習慣病の方向けおかず9食とスイーツセット」などと、しっかり栄養士さんの名前が表記されています。顔が見えるというのは年配の方にとって安心材料になります。また、栄養士さんにとってもお客様からの反応がダイレクトに届くということで、やりがいを感じられる職場のようです。双方ウィン・ウィン。わたしも近い将来お世話になるかもしれませんので、応援したい気持ちも込めて現在も株を保有しているのですが……。

図74

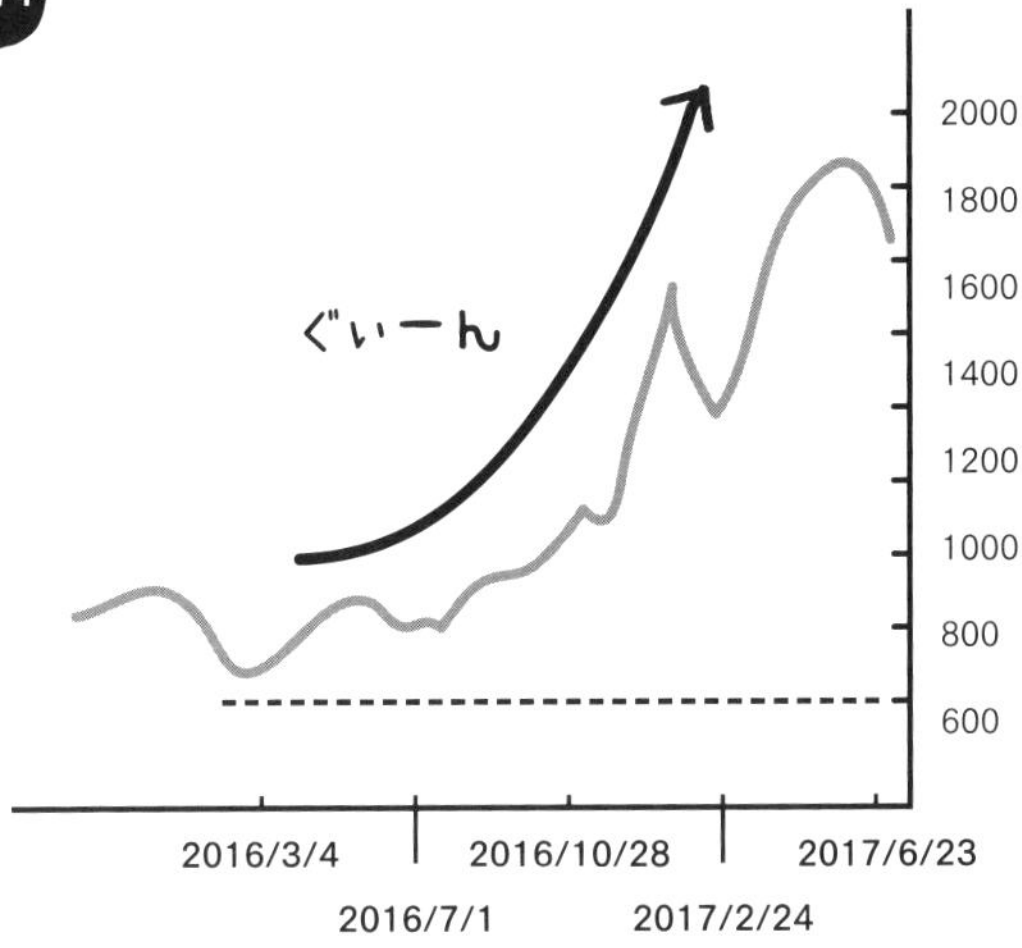

図75

【業績】(百万円)	売上高	営業利益	経常利益	純利益
連13. 3*	2,073	385	387	215
単14. 3*	2,472	404	404	245
単15. 3	2,668	438	437	259
単16. 3	3,015	500	500	312
単17. 3	3,227	608	616	394
単18. 3予	3,700	700	700	440
単19. 3予	4,200	790	790	500
中16. 9	1,554	247	254	160
中17. 9予	1,800	340	340	220
会18. 3予	3,640	681	680	436

2016年の頭から、このように絶好調。株価はうなぎのぼりです【図74】。業績も連続増収増益*【図75】。何度も言いますが、間違いなくいい会社です。なんですが、わたし自身は現在負け越し中。2017年7月に売却したものを合わせて、トータルの損失額は35万円弱になりました（涙）

これは買いのタイミングが悪いとしか言えません。山の高いときに買ってしまっています【図76】。こうやって後から見ると下手だなーと思いますが、実際の相場の中にいると、ここからまだまだ上がる！と思ってしまうのです。

第6章でも述べたように、本来であればこのような上昇トレンドの株は、上昇中の一時的な下落場面で拾う押し目買いがセオリーです【図77】。しかし、せっかちのわたしはそこまで下がってくるのを待てないのです。

こうして改めて振り返ると、ちゃんと押し目を待って買っていればかなりよいパフォーマンスが取れたでしょうね～。反省です。

＊増収増益……売上が増えた場合は増収、利益が増えた場合は増益。たとえば売上が伸びて利益が減った場合は、増収減益といいます

図76

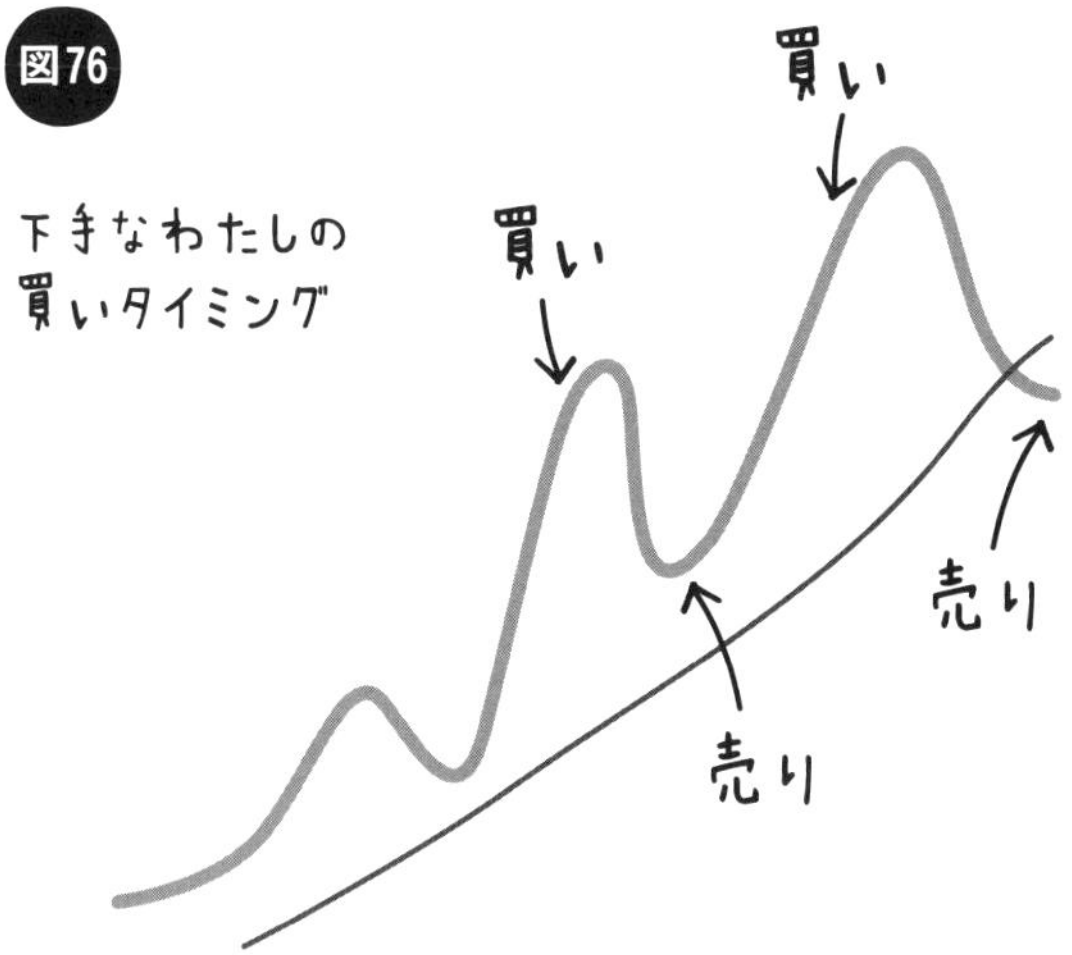
下手なわたしの
買いタイミング
買い
買い
売り
売り

図77

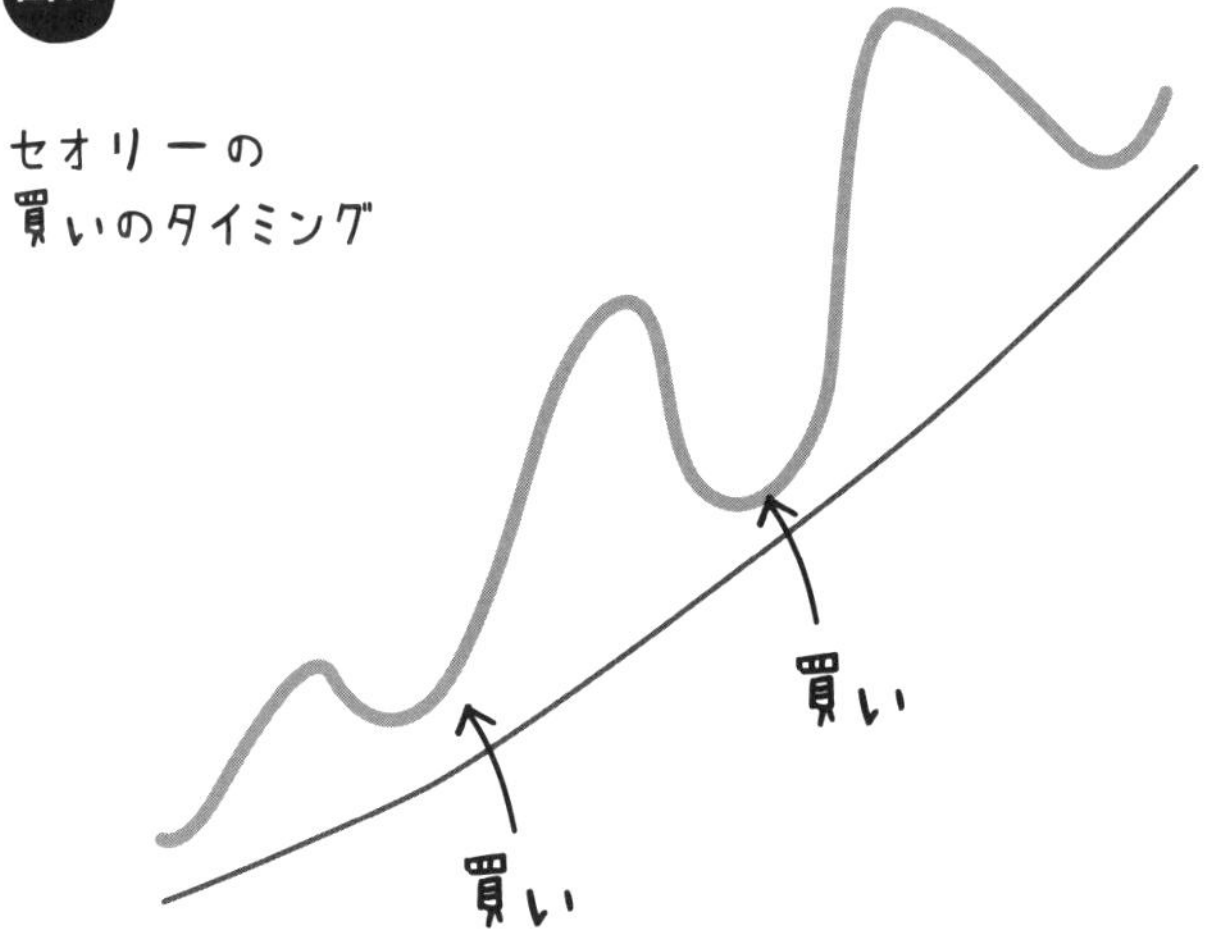
セオリーの
買いのタイミング
買い
買い

終章

株式投資を趣味にしよう

株、投資信託、不動産、FX……全部やってみてやっぱり株が好き！

「趣味はなんですか？」と聞かれると、迷わず「株です」と答えます。今までこれほど夢中になった趣味はありません。たいていの趣味は、ハマればハマるほどお金が出ていきますが、**株はハマればハマるほどお金が増えていきます**。わたしが株にハマった一番の理由はそれです。まさに実益を兼ねたすばらしい趣味といえます。

もちろん知識もなくギャンブル的な株式投資をしていればお金は減ってしまいますし、間違ったやり方でハマってしまうと金銭的な破滅に追いやられてしまうこともあるので、万人に向いているとは一概に言えませんが、ここまで読んでおもしろそうと感じた人なら、きっと楽しめるはずです。

そんなわたしの現在の資産のバランスは、日本株60％、海外投資信託15％、不動産10％、日本円10％、外貨5％といった感じです【図78】。一応、リスク分散のため、他の資産にも投資していますが、やっぱり自分には株が合っているなと感じます。参考のためにそれ

図78

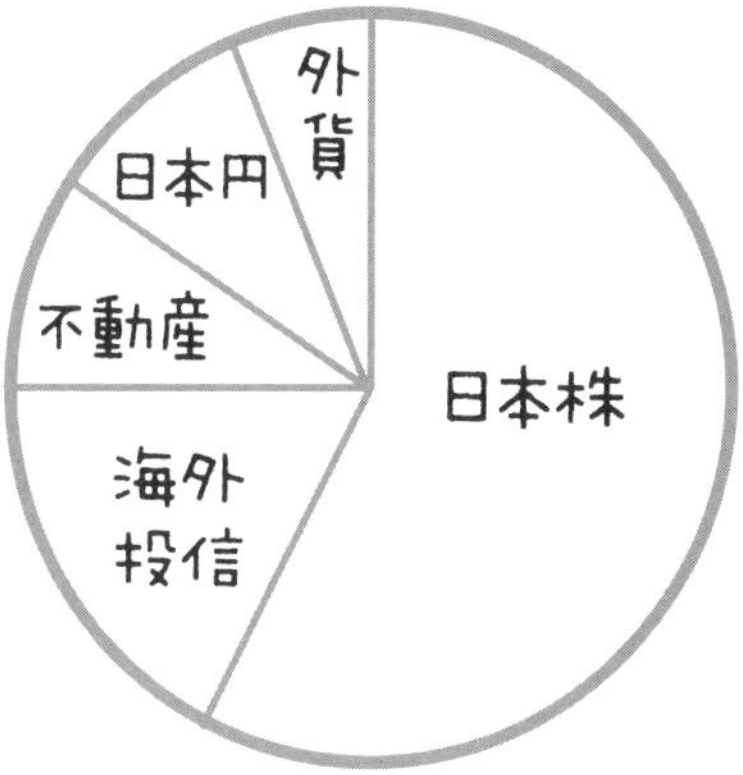

ぞれの投資で感じたことをお話ししますね。

・投資信託

実は、わたしの投資の最初の一歩は投資信託でした。２００７年に発売された勝間和代さんの『お金は銀行に預けるな』という本に感化され、インデックス投信[*]の積立投資をスタート。これはいわゆる放ったらかし投資と呼ばれるものです。

相場が上がったときも、下がったときも、毎月同じ金額をコツコツと積み立てていくという簡単な投資方法で、短期間では元本割れすることもありますが、20年30年とひたすら続けていけば、貯金より遥かにお金

＊インデックス投信……日経平均株価やＮＹダウなど、指数と呼ばれるものに連動する動きをする投資信託

が増えている（はず）というものです。

これは手間もかからずよいのですが、いかんせん、結果が出るのが30年後です。もし30年経って、思うように資産が増えていなかった場合はどうすればよいのでしょう？　すぎ去った時間は取り戻せません。そんな不安を持ちながら、投資信託だけで運用するのは心もとなく感じました。

・ＦＸ

アベノミクスでみるみる円安ドル高になったときに、興味本位でトライしたのがＦＸです。２０１３年から２０１５年の2年間、ひたすらドルを買うという作戦で元手の20万円が１００万円に増えました。ＦＸってチョロイな、なんて調子に乗っていたのですが、２０１５年6月、１ドル１２５円をてっぺんに円高ドル安へ方向転換。そこからドルを売るというテクニックを使えればよかったのですが、どうも売りが苦手で、１２５円で買ったドルをそのまま今も保有し続けています。評価損がいくらになっているのか見たくもありません。

為替の動きは株よりずっと敏感で、世界中のニュースに反応するので、わたしの手に負えないなというのが率直な感想です。

・不動産

初めて不動産を購入したのは、2016年の5月。続けて11月に2戸めを購入。どちらも築古で1000万円以下の中古マンションです。入居者がいる物件をそのまま引き継いだので、購入直後から家賃収入が入ってくるというおいしい買い物。今のところまだ2戸とも退去していないので、寝ていても家賃が入ってきます。それはとっても楽チンですが、これからどんどん物件を増やしていきたいかというと、あまりその情熱が湧きません。

わたしが持っている物件の家賃収入は、2戸合わせて14万5千円です。そこからローンの返済と管理費などを支払うと、手元に残るのは3万円程度。そうです。不動産ってそんなに儲からないのです。しかも、毎年固定資産税を支払わなくてはいけませんので年間収支はほぼトントン。

不動産投資で悠々自適の家賃暮らしをしようと思うと、それなりの規模の物件を購入しないと叶いません。ただ、いきなりそういう大きな物件を買うのはビビリなわたしには無理だし、それ以前にそんな大金を金融機関が貸してくれるとも思えません。大きな物件を買うための助走的な意味も含めて小さな物件を買ってみたんですが、ここから大きな物件にトライしようという力が湧いてこないのです。何が二の足を踏ませるかというと、買うまでの物件探しや、不動産会社との交渉、金融機関の審査、管理会社探しなどなど。そのめんどくさいアレコレを考えると、そこまでしなくていいかなと思ってしまいます。
たしかに不動産は、買ったあとは（よい物件であれば）楽チンですが、そこまでの道のりが険しすぎます。もし、わたしにパートナーがいれば、物件探しやリフォームなどを二人でキャッキャキャッキャとできて楽しそうですが、一人での物件リサーチは寂しすぎました。

というわけで、いろいろやってみた結果、やっぱりわたしには株が一番だと思いました。

「趣味＝株式投資」のわたしの毎日

株式投資はわたしの趣味なので、ついつい楽しくて毎日時間を費やしてしまいます。これはみなさんが本を読んだりテレビを観たり、ＳＮＳに投稿したりするのと同じ感覚です。どんな風に株に時間を使っているか、わたしの１日を紹介しましょう。

・朝

起きたらまず最初に、テレビ東京の『モーニングサテライト』をビジネスオンデマンド*で見ます。ＮＹダウ、為替、専門家の今日の株価の見通しなどを、朝ごはんを作りながら音だけ聴いている感じです。

その後、前日夜の『ワールドビジネスサテライト』を見ます。たまに登場するロンドン支局の豊島記者（以前は日本のスタジオでキャスターをしていました）がわたしのお気に

＊ビジネスオンデマンド……テレビ東京の経済番組を月５００円で見放題のサービス

入り。真面目な顔で、ボソッとおもしろいことを言うので、彼のレポートは見逃せません。

登校する娘たちをマンション下の玄関まで見送ったついでに、ポストから朝刊（日経新聞）を取り、朝ごはんを食べながら目を通します。必ず見るのは、投資情報欄。決算の記事や企業情報など、気になるところは丁寧に熟読。マーケット総合欄の市場体温計（日経平均株価、売買代金、騰落レシオ、日経平均VIなど専門的な指標がまとめられている）の数字を、講師仲間と共有している表計算ソフトにまとめて入力して定点観測します。

株式市場が開く9時までに、保有している株のチャートを見て逆指値注文を入れ、その日に売ったり買ったりしたい銘柄を決定。

8時55分～9時15分くらいまではＰＣで株の画面を見ています。保有株の動き具合とか、日本株全体の状況などをざっくり確認。洗濯物を干したり片づけをしたりでバタバタしていて、いつの間にか9時になる2分前に差し迫っていたら、ものすごく焦ります。市場が開く9時ちょうどには株を見ていたいという一種の病気ですね。

・日中

仕事をしている間はほとんど市場の様子を見ませんが、自動売買で注文していたものが約定*したらメールでお知らせが届くので、その場合はチェックすることも。

夕方、仕事から帰宅する前に時間があるときは、自分の保有株が上がったか下がったかを見ます。上がっていると気分も上がり、下がっていると気分も落ちますが、一瞬だけでそのあとは引きずりません。日々の値動きは多少気になりますが、それに振り回されることはありません。

・帰宅後

夕ごはんを作りながら、ポッドキャストの『今日の株式、明日の株式』を聴きます。これは、おじさま二人がグダグダお酒を飲んでいるような雰囲気で、今日の株がどうだったか、明日の注目銘柄は何か、などを話す番組。ゆるーい感じのトークに癒やされます。毎晩聞いていると、娘たちの耳にも残るようで「今日の日経平均株価は？」などと聞いてくるようになりました。

夕ごはんを食べながら夕刊に目を通し、お風呂のお湯を入れている間に今日の高値更新*

＊約定（やくじょう）……売買が成立すること

銘柄を確認して、気になるものはノートにメモ。翌日の朝、メモしたものを詳しく調べて買うこともあります。

こんな感じの1日です。こうして書き連ねると、そんなに？　とちょっと引かれるかもしれませんが、実際はほとんど〝ながら作業〟です。買ったり売ったりするときは、きちんと時間をかけて調べたり考えたりしますが、それ以外は普通の人がテレビを見ながら洗濯物をたたむ感覚で、日常の中に株とかかわる時間が溶け込んでいます。

音楽好きが1日中音楽を聴いていたり、ゲーム好きがヒマさえあればゲームをしているように、わたしも株にちょくちょく時間を費やします。大好きな趣味なのでまったく苦痛ではなく、むしろ、できることならもっと見ていたいという気持ちです。「株式投資スクール」の受講生に「本当に楽しそうですね」と言われたり、友人に「株の話をするとき声がワントーン上がるよね？」と言われたりするほど、株への愛が知らず知らずのうちに溢れてしまうようです。

これくらい**株のことばっかり気にしていないと、株式投資ができないというわけではないので安心してください。**わたしも最初からこんな風だったわけではありません。徐々に成果が出るようになって、それがうれしくてもっといろいろ調べるようになり、そうするとさらに成果が出るのでますます楽しくなった、という感じです。

日経新聞や経済ニュースも無理して見る必要はありません。ただ、株式投資をやっているうちに自然と見たくなるのではないかなと思います。実際、見てみると結構楽しいですし、毎日見ていると経済用語などもいつの間にか覚えていきます。

ちなみに、わたしがよくチェックする株関連のサイトはこちらです。

・四季報オンライン
・メインとして使っているマネックス証券
・株探
・ヤフーファイナンス
・楽天マーケットスピード（楽天証券のトレードツール）

＊高値更新銘柄……今年一番の高値だった株価を更新した銘柄。高値を超えてくるとそこから一段と上がりやすいという特長がある

自分流の株ノートをつけて日々の売買や気持ちを記録する

「株はマメな人ほど結果が出る」というのは、わたしの周りの株仲間で一致する意見です。受講生の中にもすごく丁寧に日々の株の記録をつけている人がいて、そういう人はやはり結果を出しています。

かく言うわたしも、いろいろな方法で自分なりに株の情報を記録しようと試みました。四季報の数字、決算の数字、ニュース記事など、気になる株に関連する情報をルーズリーフノートにまとめていたことがあります。ただ、それだと出先で思いついたことを記入できない（持ち歩いてはいなかった）ので、Evernoteというアプリでクラウド管理してみました。ニュース記事などをコピーして貼りつけられるし、スペースを気にせずどんどん書き足していけるのでよかったのですが、あまり続きませんでした。売買の回数が増えると、いちいちアプリを立ち上げるのがめんどくさくなったというのもあります。

現在はどのように株の情報を管理しているかというと、大学ノートに書いていくというものすごく原始的な方法を採用しています。結局、これが一番続けられるし、あとから見返すという結論にいたりました。

書くことは次の項目だけ。

- **気になる銘柄**
- **売買した銘柄名と日付、株価**
- **反省点などあれば**

あれこれ書かなきゃいけないと思うとめんどくさくなりますが、基本的には売買したときだけなので、ほとんど負担になりません。これから株式投資を始める人もぜひ株ノートを用意するとよいと思います。

特に始めたばかりの頃は、いろいろ疑問に思ったり、失敗したりと後悔することが多いはずです。そういうことこそ記録しておき、ときどきパラパラ見返すだけでも、同じ過ちを繰り返すことを避けられます。1年、2年と続けていると上達も見えてきますし、なぜその銘柄を買って、なぜ売ったのかを記録しておくと、昔売った株をまた書い直そうと思ったときに非常に参考になります。「この株のこれが気になって売ったんだっだ」と思い出して、もしかしたら買い直すのをやめるかもしれませんし、逆にかつて気になっていたところが改善されていたら、積極的に買い直す気持ちになるかもしれません。日記みたいなものだと思ってください。

監督気分で銘柄を管理しよう

株に対しては情に流されず、常に冷静に客観視したいところですが、長くウォッチしている銘柄にはどうしても情が湧いてしまいます。一旦下がっていた株が上昇トレンドに乗ってくると、「よくやった！」と親のような気持ちで見てしまうことも。

「何銘柄くらい持っていますか？」とよく聞かれますが、だいたい5～8、多くて10くらいです。それ以上は増やさないように意識的に管理します。株を始めて5年目くらいまでは20銘柄くらい常に保有していました。**銘柄数が多いと、それぞれに投じる金額が少なくなるので、リターンも分散されてしまいます。**１００万円を10銘柄に分散すると、１銘柄10万円。そのうちのどれかが2倍になったとしても10万円しか増えません。１００万円を半分の5銘柄に絞れば、どれかが2倍になった場合20万円増えます。投資額が大きくなればなるほどその差は開きますので、ある程度銘柄は絞った方が資産運用の効率がよくなります。

銘柄を絞るとなると、逆にそれだけ一つが大きく下がったときのダメージも大きくなりますので、銘柄選びはより真剣になります。また、銘柄数を増やさないと決めているので、何か買いたいなと思ったら保有している株を売ることになります。**モノを増やさないコツは、何か一つ買ったら何か一つ捨てるというのが鉄則ですが、株もそれと同じです。**

約3500銘柄の中から5つに絞るのはとても難しいですが、5銘柄選んだらそれ以外は見ないというわけではなく、買っていなくてもウォッチしているものが常時10〜20銘柄あります。保有銘柄よりもパフォーマンスがよさそうな銘柄があれば入れ替えます。

チームプレイのスポーツと同じようにレギュラーと補欠がいて、レギュラー選手の調子が悪くなれば補欠と入れ替える、みたいなイメージです。たとえば、バスケットボールのメンバーを決めるとき、シュートが得意な選手とディフェンスが得意な選手を組み合わせて、チーム全体の総合力が一番高くなるよう、得意プレイが違うメンバー選びをします。チーム全体のバランスが大事なのです。

株も同じように考えてください。**同じ業種の銘柄ばかりだと、その業界が低迷したときに全体のパフォーマンスが大きく下がってしまう**ので、意識的に業種が被るのを避けます。飲食関係の銘柄で二つよいものがあれば、これからより上がりそうなのはどちらかと比べて、一方をスタメンに、もう一方を補欠メンバーにします。言ってみればわたしは監督で、常にチームがよいパフォーマンスを取れるようコントロールするのが仕事です。全体を俯瞰して、必要があればメンバーを入れ替え、常に個々のメンバーの状態に目を配る。そんなイメージです。

ちなみに2017年8月のスタメンは、**小売業3、サービス業2、化学2、機械2、電気1の10銘柄**。なかなかよいパフォーマンスを取れていますが、いつでもメンバーチェンジできるよう補欠メンバーのウォッチも欠かしません。

銘柄の管理は、楽天証券のマーケットスピードを使っています。お気に入りの銘柄を10のカテゴリーに分けて管理できる優れモノで、ウォッチ銘柄に加えて、売却銘柄、授業で取り上げる銘柄などに分けて管理しています。

株ライフを充実させてくれる投資仲間

日本では投資教育というのがほとんどされていないので、「株＝ギャンブル」と考える人が多く、安易に株の話をすると「え？　株なんてやってるの？」「怖くない？」「やめた方がいいよ」などとネガティブな意見をもらうことがあります。授業の中では、株はギャンブルではないと丁寧に説明しますが、プライベートでそういう人に出会っても、いちいち説き伏せるのはめんどくさいので、あえて反論せず聞き流すことにしています。

逆に、わたしが株の講師をしていると知ると「上がる株を教えて」とダイレクトに聞いてくる人もいます。一番苦手な質問です。上がる要素を持っている株はある程度見つけられますが、絶対に上がるかどうかは分かりません。なかには「お金を預けるから株で増やしてよ」と言ってくる人もいます。

そういうリスクがあるので、初対面の人に仕事を聞かれても、株の講師をしていることは伏せておく場合が結構あります。

受講生の中にも、会社の同僚や友人、ときには家族にも株を勉強していることを話さない人が多くいて、「株式投資が趣味です」と堂々と言える社会ではないのが現状です。

だからこそ、**株についていろいろ話せる相手は貴重**です。保有銘柄のこと、ウォッチ銘柄のこと、今後の日本株の見通し、どんな業種が有望か、などなど、こういった話を対等にできる投資仲間がいるとモチベーションは一気に高まります。独学で株を勉強する人は多いのですが、誰とも株の話をせずに一人孤独に勉強するより、一緒に学べる投資仲間を見つけてアウトプットする場所があった方が成果は早く出ると思います。身近で適当な人がいなければ、SNSで見つけるというのもアリです。

幸せなことに、わたしの周りには株好きが多いので、日頃から頻繁に情報交換していま す。情報交換というより、持ち株自慢になることも多いですが、自分がまったく視野に入れていなかった銘柄について気づきをもらったり、保有銘柄についてのポジティブニュース、ネガティブニュースを教え合ったり。話し出すとなかなか終わらないほどに盛り上がります。

大暴落した日などは、どんな対応を自分が取ったか、今後どういう風にするつもりかなども話します。そうすることで、ざわついていた心が落ち着き、冷静に株と向き合うことができます。そう考えると、**信頼できる投資仲間を作ることは、長期的に株式投資を続けるために欠かせない要素**かもしれません。

一番の理想は、パートナーと投資仲間になることです。株式投資を始めると、投資家視点で物事を見るようになります。一緒に暮らすパートナーが消費者としての視点しか持っていないと、もしかしたら話が合わなくなるかもしれません。同じ投資家であれば、流行のお店に一緒に出かけて二人で研究してみたり、流行りのゲームを一緒に挑戦してその良し悪しを話し合ったりと、**毎日の生活を楽しみながら二人の資産を増やしていくことができます。株式投資はいくつになってもできます。**一生続けられる趣味として、夫婦二人で楽しめるとものすごく充実した豊かな人生になると思います。

わたしは現在独身ですが、再婚することがあれば、相手は株式投資家がいいなと思います。夕ごはんを一緒に食べながら「行列ができているお店があったから今度行ってみよう」とか、「最近よく買っているアパレルブランドの会社が上場するらしいよ」とか、「今夜のごはんは優待で届いたお肉だよ」とか、話題がいくらでもありそうで想像するだけでワクワクしてしまいます。

これからもわたしは株式投資を一生の趣味として続けていくことになるでしょう。講座やこのような書籍の形で株式投資の魅力を積極的に伝えていくことで、わたしと同じような数字オンチの株式投資家が一人でも二人でも増えることを心から願っています。

著者　藤川里絵（ふじかわりえ）

2010年より株式投資を始め、5年で自己資金を10倍に増やす。7年間、年間損益負けなし。日本最大のファイナンシャル教育機関である「ファイナンシャルアカデミー」にて、「お金の教養スクール」「株式投資スクール（旧・株式投資の学校）」など、多数の講座を担当。特に「株式投資スクール」は毎回100名以上が受講し、キャンセル待ちが出るほどの人気ぶり。本書のもととなった電子書籍『数字オンチもへっちゃら！　文系女子の分かる！株の本』（ごきげんビジネス出版）は発売10日で1,000ダウンロードを超すヒットに。現在は講師業と並行してマネージメント事務所「キリオフィス」を経営。フリーランサーをサポートするマネージャーとしても活動している。

●ブログ：オレンジーナ通信（http://fujikawaorangina.blog21.fc2.com/）
●ツイッター：@Forangina

STAFF
ブックデザイン＊目黒一枝（tongpoo）
DTP・図版制作＊Office SASAI
制作協力＊新実 拓（KWC）
編集＊鈴木友美（扶桑社）

月収15万円からの株入門
数字オンチのわたしが5年で資産を10倍にした方法

発行日　2017年 9 月30日　初版第1刷発行
　　　　2017年11月20日　第4刷発行
著　者　藤川里絵
発行者　久保田榮一
発行所　株式会社扶桑社
　　　　〒105-8070 東京都港区芝浦1-1-1 浜松町ビルディング
　　　　電話03-6368-8885（編集）
　　　　　　03-6368-8891（郵便室）
　　　　www.fusosha.co.jp
印刷・製本　株式会社廣済堂

定価はカバーに表示してあります。
造本には十分注意しておりますが、落丁・乱丁（本のページの抜け落ちや順序の間違い）の場合は、小社郵便室宛にお送りください。送料は小社負担でお取り替えいたします（古書店で購入したものについては、お取り替えできません）。

ISBN 978-4-594-07824-9

本書は、2017年3月、ごきげんビジネス出版より刊行された電子書籍『数字オンチもへっちゃら！　文系女子の分かる！株の本』を加筆修正し、大幅に改定したものです。